ab 2024

AF204864

Politik
Wirtschaft

Hessen

Inhalt

INTERNATIONALE BEZIEHUNGEN IM ZEITALTER DER GLOBALISIERUNG

Buchtipps:

Original-Prüfungsaufgaben: Abiturprüfung Hessen – Politik & Wirtschaft, STARK Verlag

Abiturwissen: Prüfungswissen Politik, STARK Verlag, Best.-Nr. 14801

Die **Inhaltsfelder des Abiturs im Fach Politik & Wirtschaft** sind breit gestreut. Es ist daher nicht immer leicht, den Überblick zu behalten. Ihnen dabei zu helfen, ist das Hauptanliegen des vorliegenden Büchleins, das nach dem Doppelseiten-Prinzip aufgebaut ist.

- **Alle Themenbereiche** werden auf jeweils zwei Seiten in knappen Stichpunkten sehr übersichtlich dargestellt.
- Jedes Thema beginnt mit einem **Schaubild**, das ein schnelles Erfassen wichtiger Punkte ermöglicht und zentrale Merkmale veranschaulicht.
- **Kurze Hinweise („Übrigens…")** neben jedem Schaubild beziehen sich jeweils auf wissenswerte und interessante Zusatzinformationen.
- Die **Gliederung** des Büchleins folgt den inhaltlichen Schwerpunkten des Lehrplans, um eine zielgerichtete Vorbereitung auf das Abitur zu gewährleisten:
  - Das erste Kapitel umfasst den Bereich **Demokratie im politischen Mehrebenensystem**. Theoretischer Ausgangspunkt ist das Modell des Politikzyklus. Mit diesem Analyseinstrument können Sie den politischen Prozess strukturieren und nachvollziehen. Die Kategorien zur politischen Urteilsbildung ermöglichen ein differenziertes Urteil in Bezug auf politische Entscheidungen in allen Politikbereichen. Daran anschließend werden Themen wie die Verfassungswirklichkeit in der Bundesrepublik, das Parteiensystem, Demokratietheorie und das Wahlrecht dargestellt. Weiterhin werden die Rolle der EU im Mehrebenensystem sowie Interessensverbände und deren Aufgaben besprochen. Auch auf die zentrale Rolle und die Funktionen der Medien, deren Bedeutung sich durch das Web 2.0 stark gewandelt hat, wird eingegangen.
  - Das zweite Kapitel umfasst das vielschichtige Thema **Wirtschaft und Wirtschaftspolitik in der Sozialen Marktwirtschaft**. Dabei werden zunächst die Themen Konjunkturanalyse und Nachfragepolitik dargestellt. Anschließend wird die Soziale Marktwirtschaft besprochen und mit ihr die Angebotspolitik. Themenblöcke zu Arbeitsmarktpolitik, Sozialstaat und Staatsverschuldung runden den Bereich Wirtschaft ab.
  - Das letzte Kapitel **Internationale Beziehungen im Zeitalter der Globalisierung** setzt sich zunächst mit internationalen Konflikten und deren Lösung auseinander. Neben der deutschen Außenpolitik und der Rolle der Bundeswehr wird auch die UNO und ihre „Agenda für den Frieden" intensiv beleuchtet. In einem zweiten Teil wird dann das Thema der ökonomischen Globalisierung genauer analysiert, wobei auch Themen wie Freihandel und Protektionismus sowie Entwicklungs- und Schwellenländer zur Sprache kommen. Abschließend werden noch die globalen Herausforderungen transnationale Demokratie und Weltumweltpolitik erläutert.

Der STARK Verlag wünscht Ihnen bei der Arbeit mit dem Buch viel Freude und für das Abitur viel Erfolg!

Auf einen Blick

Übrigens ... Legitimität und Legalität können im Widerspruch zueinander stehen.

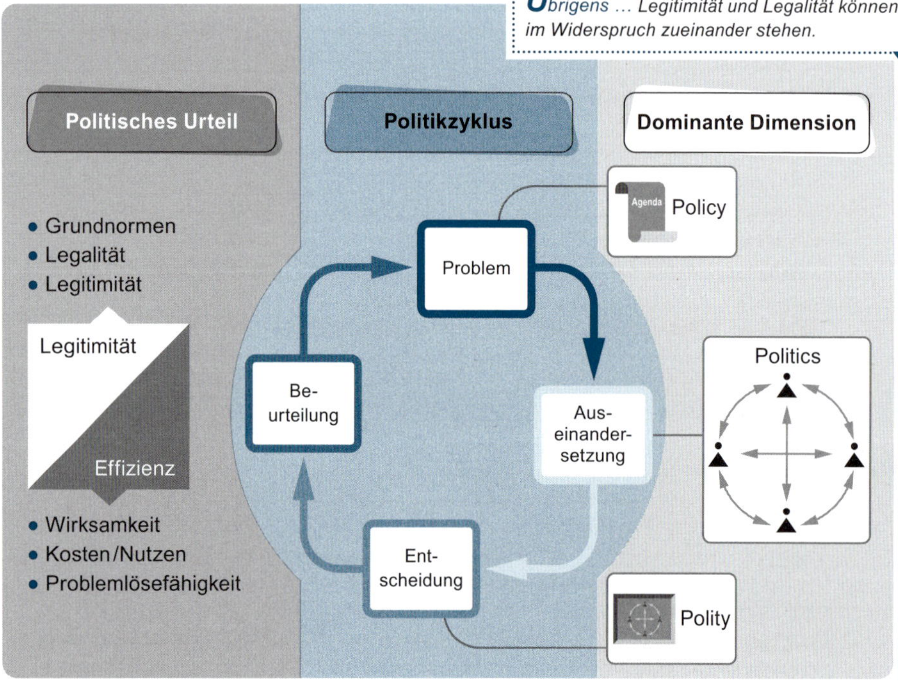

Politisches Urteil

Politikzyklus

Dominante Dimension

- Grundnormen
- Legalität
- Legitimität

Legitimität

Effizienz

- Wirksamkeit
- Kosten/Nutzen
- Problemlösefähigkeit

Problem

Agenda Policy

Be-urteilung

Aus-einander-setzung

Politics

Ent-scheidung

Polity

Dimensionen der Politik

- fehlende allgemeingültige Definition von „Politik"
- geläufige Definition von „Politik": Politik als **multidimensionales Phänomen**
  → drei Dimensionen für einen Begriff:
  – **Polity:** institutionelle Dimension, Handlungsrahmen der Politik (z. B. Verfassung, Verfassungs-prinzipien, Gesetze, Institutionen)
  – **Policy:** inhaltliche Dimension (Ziele, Aufgaben, politische Programme)
  – **Politics:** prozessuale Dimension (Verlauf der Willensbildung und Interessenvermittlung)
  → alle drei Dimensionen sind **gleichwertig** und stehen **in Bezug zueinander**

Der Politikzyklus

- Modell zum Verständnis, wie politische Prozesse funktionieren (Analyseinstrument)
- Veranschaulichung des zeitlichen Ablaufs eines politischen Prozesses, der sich u. U. mehrfach wiederholt **(Problemkreislauf)**
- Politik als **Prozess zur Problemlösung**

DEMOKRATIE IM POLITISCHEN MEHREBENENSYSTEM

Phasen eines Politikzyklus

- **Problemwahrnehmung:**
  Worin besteht das Problem? Welche Aufgabe haben die Politiker zu lösen?
- **Agenda-Setting:**
  Welche gesellschaftliche Gruppe/Wer hat das Problem auf die politische Tagesordnung gesetzt? Welche gesellschaftlichen Interessen werden bei der Problemwahrnehmung/bei den Lösungsvorschlägen berücksichtigt?
- **Politische Auseinandersetzung:**
  Wie läuft die Auseinandersetzung ab? Welche Einflüsse wirken? Wer nimmt Einfluss?
- **Politische Entscheidung:**
  Welche Ergebnisse wurden erzielt? Welche Interessen konnten sich durchsetzen?
- **Implementation:**
  Wie und durch welche Instanz wird die Entscheidung durchgesetzt?
- **Gesellschaftliche und politische Bewertung:**
  Wurde das Problem zufriedenstellend gelöst? Welche gesellschaftlichen Gruppen fühlen sich benachteiligt? Kommt das Problem erneut auf die Agenda?

Kategorien zur politischen Urteilsbildung

- Bei politischen Frage-/Problemstellungen sind stets mehrere Lösungsansätze möglich, die unterschiedlich gut begründet sind bzw. unterschiedlich beurteilt werden können.
- **Kategorien zur Urteilsbegründung bzw. zur Beurteilung „guter" Politik (nach Massing)**
  – **Legitimität (Wertrationalität):**
  Beurteilung/Begründung politischer Entscheidungen bezogen auf die Grundwerte menschenwürdigen Handelns **(Grundnormen)**, auf konstitutionelle Verfahren **(Legalität)** und auf die Anerkennung seitens der Bürger **(Legitimitätsglaube)**;
  Kriterien: z. B. Rechtmäßigkeit, Grundrechte, Transparenz, Partizipation, Verhältnismäßigkeit
  – **Effizienz (Zweckrationalität):**
  Beurteilung/Begründung politischer Entscheidungen bezogen auf die **Wirksamkeit**, die **Kosten/Nutzen-Relation**, die **Problemlösefähigkeit**, die **Wirtschaftlichkeit**;
  Kriterien: z. B. politische Durchsetzbarkeit, Effektivität, Nebenfolgen
- Legitimität <u>und</u> Effizienz müssen bei einem politischen Urteil **immer** berücksichtigt werden!
- wichtiger Aspekt bei Wertentscheidungen: **Bedingungs- und Spannungsverhältnis** zwischen verschiedenen Werten möglich
  Beispiel: Freiheit vs. Sicherheit (vgl. Debatte um Vorratsdatenspeicherung), gleichzeitig ist Sicherheit jedoch eine Voraussetzung für die freie Entfaltung

DEMOKRATIE IM POLITISCHEN MEHREBENENSYSTEM

Auf einen Blick

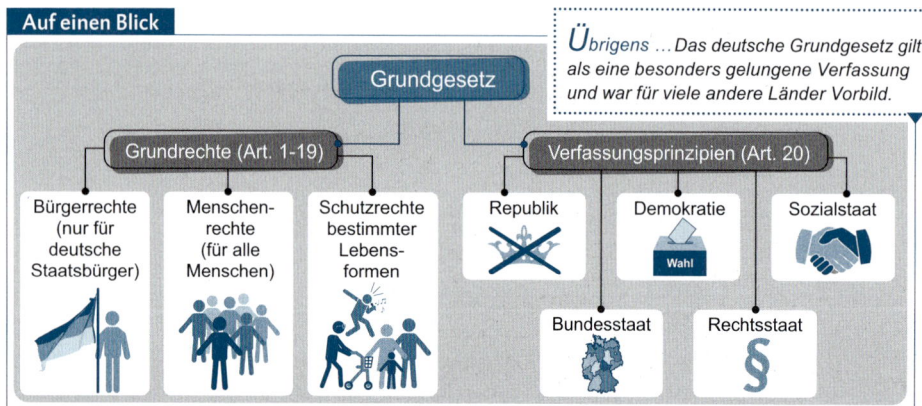

Übrigens … Das deutsche Grundgesetz gilt als eine besonders gelungene Verfassung und war für viele andere Länder Vorbild.

Grundgesetz

- Grundgesetz (GG): **Verfassung** der Bundesrepublik Deutschland
- Inkrafttreten am 24. Mai 1949

Grundrechte

- **Grundrechte** (Art. 1 – 19) als wichtigster Teil des Grundgesetzes, daher gleich am Anfang
- grundlegende **Freiheits-** und **Gleichheitsrechte**

Begriff der Menschenwürde

- Art. 1 Abs.1 GG: „*Die Würde des Menschen ist unantastbar. Sie zu achten und zu schützen ist Verpflichtung aller staatlichen Gewalt.*"
- zentraler Begriff des Grundgesetzes, daher auch in Art. 1 genannt → **Mensch** wird in den **Mittelpunkt** gerückt, der Staat ist zum Wohle des Menschen da

Einteilung der Grundrechte nach Personenkreis

- **Menschrechte:**
  gelten für alle Menschen, also deutsche Staatsbürger und hier Lebende anderer Nationalitäten (Art. 1 – 5 GG, Art. 17 GG)
- **Bürgerrechte:**
  gelten nur für deutsche Staatsbürger (Art. 8, 9, 11, 12 GG)
- Rechte zur Sicherung **bestimmter Lebensformen:**
  betreffen Personen in verschiedenen Lebensformen, z. B. Familien, Künstler, Wissenschaftler, Asylsuchende (Art. 5 Abs. 3 GG, Art. 6 Abs. 1 GG, Art. 14 Abs. 1 GG, Art. 16/16 a GG)

Weitere Einteilungsmöglichkeiten

- **Schutzzweck:** Freiheits- und Gleichheitsrechte, Institutionsgarantien und Verfahrensrechte
- **Wirkungsbreite:** allgemeine Grundrechte, spezielle Grundrechte
- **Zielrichtung:** Abwehrrechte, Leistungs- und Teilhaberechte

Verfassungsprinzipien

- Art. 20 GG: „*Die Bundesrepublik Deutschland ist ein demokratischer und sozialer Bundesstaat. […] Die Gesetzgebung ist an die verfassungsmäßige Ordnung, die vollziehende Gewalt und die Rechtsprechung sind an Gesetz und Recht gebunden.*"
- **fünf Verfassungsprinzipien** im Grundgesetz Art. 20 festgeschrieben

Republik

- Staatsform der Republik
- kein monarchistisches Staatsoberhaupt

Demokratie

- garantiert die **Volkssouveränität**, d. h., Volk nimmt wesentliche, mitbestimmende Funktion ein
- regelmäßig stattfindende **Wahlen**, dabei stehen im Sinne des Mehrparteiensystems **(Pluralismus)** zahlreiche unabhängige Parteien zur Auswahl
- politische Entscheidungen sind vom Mehrheitsprinzip geprägt

Sozialstaat

- verpflichtet den Staat, für die **soziale Sicherung** seiner Bürger zu sorgen und Maßnahmen zum **sozialen Ausgleich** zu treffen
- Ziele: soziale Gerechtigkeit und Angleichung der Lebenschancen aller Bürger

Bundesstaat

- garantiert den Bundesländern eigene Kompetenzen im Bereich der Gesetzgebung und der Verwaltung **(Föderalismus)**
- Element der **vertikalen Gewaltenteilung**

Rechtsstaat

- bindet alle staatliche Gewalt an Recht und Gesetz
- verteilt Gewalt auf die Organe der Legislative, Exekutive und Judikative **(Gewaltenteilung)**
- Schutz des Einzelnen vor staatlicher Willkür

Der soziale Rechtsstaat

- der soziale Rechtsstaat verbindet Grundsätze des **Sozial-** und des **Rechtsstaats**, also soziale Gerechtigkeit und Gesetzlichkeit
- sozial Schwächere sollen in die Lage versetzt werden, von Rechten Gebrauch zu machen

Ewigkeitsklausel

- Art. 79 Abs. 3 GG: „*Eine Änderung dieses Grundgesetzes, durch welche die Gliederung des Bundes in Länder, die grundsätzliche Mitwirkung der Länder bei der Gesetzgebung oder die in den Artikeln 1 und 20 niedergelegten Grundsätze berührt werden, ist unzulässig.*"
- Grund: Erfahrungen mit **Ermächtigungsgesetz** von 1933; **Abschaffung** der **Verfassung** soll erschwert, gar **unmöglich** gemacht werden → **Bestandsgarantie** für das Grundgesetz

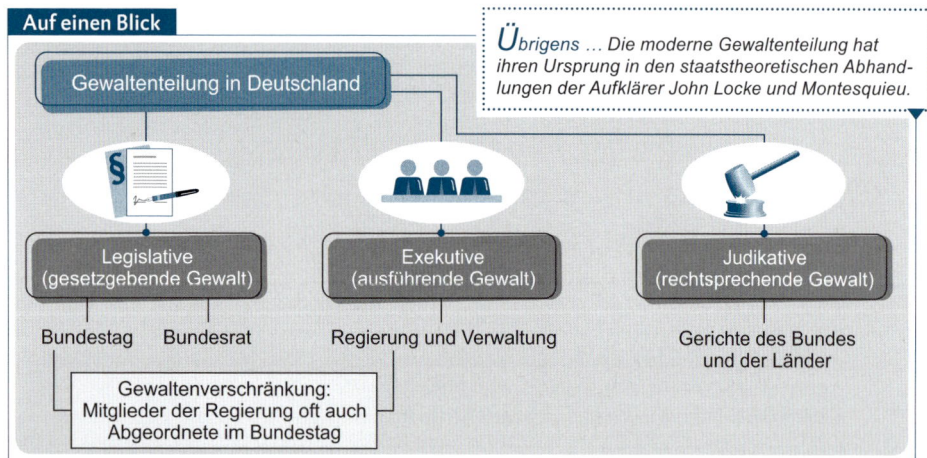

Auf einen Blick

Gewaltenteilung in Deutschland

Übrigens ... Die moderne Gewaltenteilung hat ihren Ursprung in den staatstheoretischen Abhandlungen der Aufklärer John Locke und Montesquieu.

Legislative (gesetzgebende Gewalt) — Bundestag Bundesrat

Exekutive (ausführende Gewalt) — Regierung und Verwaltung

Judikative (rechtsprechende Gewalt) — Gerichte des Bundes und der Länder

Gewaltenverschränkung: Mitglieder der Regierung oft auch Abgeordnete im Bundestag

Gewaltenteilung

- Art. 20 Abs. 2 GG: „Alle Staatsgewalt geht vom Volke aus. Sie wird [...] durch besondere Organe der Gesetzgebung, der vollziehenden Gewalt und der Rechtsprechung ausgeübt."
- **Machtbegrenzung** durch **drei Gewalten:**
  - **Legislative** (gesetzgebende Gewalt): Bundestag und Bundesrat verabschieden Gesetze
  - **Exekutive** (ausführende Gewalt): Regierung und Verwaltung führen die Gesetze aus
  - **Judikative** (rechtsprechende Gewalt): Rechtsprechung durch Gerichte des Bundes (Bundesverfassungsgericht) und der Länder
  - → Verflechtung und gegenseitige Kontrolle verhindern eine zu große Macht einzelner Gewalten
- **Gewaltenverschränkung:** Organe der Legislative und Exekutive in Deutschland nicht klar voneinander getrennt; Regierungsmitglieder meist auch Abgeordnete des Bundestages

Gesetzgebungsverfahren

- Akteure mit dem Recht, Gesetzesvorschläge in Bundestag einzubringen **(Gesetzesinitiative):** Bundesregierung, Bundestagsabgeordnete, Bundesrat
- **zwei Arten** von Gesetzen: Zustimmungsgesetze vs. Einspruchsgesetze
  → Rolle des Bundesrats

Behandlung und Verabschiedung im Bundestag

- **mehrere Schritte** im Bundestag
  - erste Lesung: allgemeine Debatte im Bundestag
  - zuständige Ausschüsse: Experten der Fraktionen debattieren Details, evtl. auch Anhörung von unabhängigen Experten
  - zweite Lesung: Debatte zu Ergebnissen der Ausschüsse (Einzelfragen, Änderungsvorschläge)
  - dritte Lesung: abschließende Diskussion und Schlussabstimmung

Rolle des Bundesrats

- nach erfolgreicher Abstimmung im Bundestag wird Gesetz an Bundesrat weitergeleitet
  → je nach Art des Gesetzes verschiedene Möglichkeiten
- bei **Zustimmungsgesetz:**
  – Zustimmung: Gesetz wird verabschiedet
  – keine Zustimmung: Weiterleitung an Vermittlungsausschuss → dort evtl. ausgehandelter Kompromiss wird wieder in Bundestag und Bundesrat verhandelt → Gesetz tritt in Kraft, wenn beide zustimmen
- bei **Einspruchsgesetz:**
  – Bundesrat kann Einspruch erheben
  – Bundestag kann Einspruch mit gleicher Mehrheit wieder aufheben

Ausfertigung und Veröffentlichung

- nach Verabschiedung durch Bundestag und Bundesrat **Unterzeichnung** des Gesetzes durch **Bundeskanzler** und zuständigen **Bundesminister**
- anschließend Beurkundung durch Bundespräsident und Veröffentlichung im Bundesgesetzblatt
- Inkrafttreten 14 Tage nach Verkündigung

Bundesverfassungsgericht und Europäischer Gerichtshof

Bundesverfassungsgericht

- Sitz: Karlsruhe
- Aufbau: Präsident, Vizepräsident, zwei Senate, sechs Kammern, je acht Richter pro Senat
- Wahl der Richter: je zur Hälfte durch Bundestag und Bundesrat
- Aufgaben:
  – Entscheidung über **Verfassungsbeschwerden**
  – Klärung von **Streitigkeiten zwischen Bundesorganen** oder Bund und Ländern
  – Überwachung der Vereinbarkeit von Bundes- und Landesrecht und dem Grundgesetz
  – Überprüfung der **Verfassungswidrigkeit** und evtl. **Verbot** von **Parteien**

Europäischer Gerichtshof (EuGH)

- Sitz: Luxemburg
- Aufbau: ein Richter aus jedem Mitgliedsland der EU, aus deren Kreis Wahl eines Präsidenten (für drei Jahre)
- Wahl der Richter: durch einstimmigen Beschluss der Regierung des Herkunftslandes
- Aufgaben als
  – **Verfassungsgericht** (Streit zwischen EU-Organen, Rechtmäßigkeit der Gesetzgebung der EU)
  – **Verwaltungsgericht** (EU-Recht-konformes Handeln von EU-Kommission und Behörden der Mitgliedsstaaten)
  – **Arbeits-** und **Sozialgericht** (Freizügigkeit, soziale Sicherheit, Gleichbehandlung)
  – **Strafgericht** (Bußgeldentscheidungen der EU-Kommission)
  – **Zivilgericht** (Schadensersatzklagen)
- nicht zu verwechseln mit dem Europäischen Gerichtshof für Menschenrechte (EGMR)

DEMOKRATIE IM POLITISCHEN MEHREBENENSYSTEM

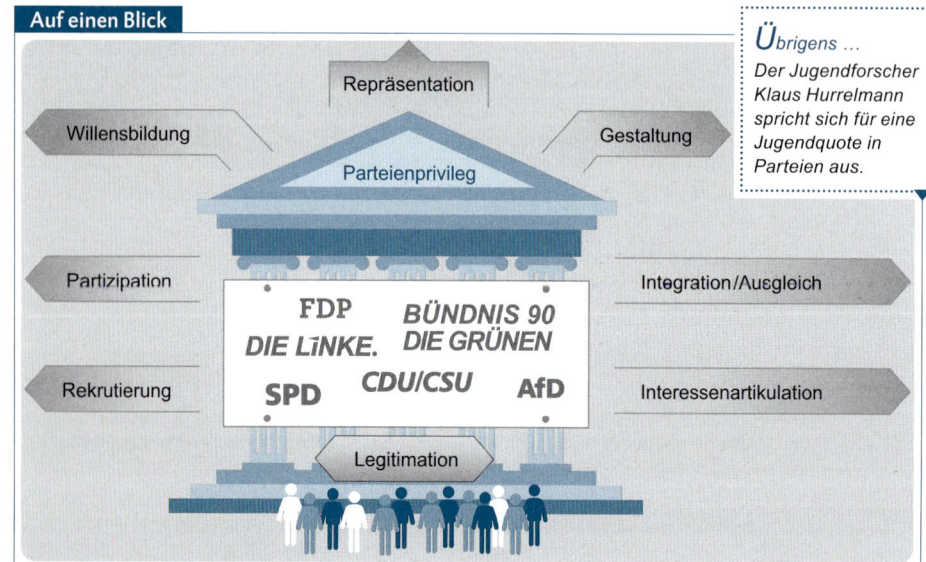

Repräsentation

Willensbildung

Gestaltung

Parteienprivileg

*Übrigens …
Der Jugendforscher Klaus Hurrelmann spricht sich für eine Jugendquote in Parteien aus.*

Partizipation

Integration/Ausgleich

FDP   BÜNDNIS 90
DIE LINKE.   DIE GRÜNEN
SPD   CDU/CSU   AfD

Rekrutierung

Interessenartikulation

Legitimation

Parteien und Verfassung

- Art. 21 Abs. 1 GG: „*Die Parteien wirken bei der politischen Willensbildung des Volkes mit. Ihre Gründung ist frei. Ihre innere Ordnung muss demokratischen Grundsätzen entsprechen. […]*"
- **Verfassungsrang** der deutschen Parteien
- Voraussetzungen:
  - innerparteilich **demokratisch** organisiert
  - **Rechenschaftsablegung** über Herkunft und Verwendung der Mittel

Funktionen von und Kritik an Parteien

Funktionen

- **Auswahl-** und **Rekrutierungsfunktion:**
  Suche, Ernennung und Rekrutierung der politischen Eliten und Mandatsträger (lokal, kommunal, landesweit, bundesweit)
- **Vermittlungs-** und **Bündelungsfunktion:**
  Sammlung und Moderation verschiedener Interessen innerhalb der Gesellschaft
- **Interessensausgleichsfunktion:**
  Ausgleich verschiedener Interessen innerhalb und außerhalb der Partei
- **Legitimierungsfunktion:**
  durch oben genannte Funktionen Beitrag der Parteien zur Legitimation des politischen Systems und zur Konsensfindung
- außerdem Beitrag zur **politischen Bildung** der Gesellschaft

DEMOKRATIE IM POLITISCHEN MEHREBENENSYSTEM

Kritik

- **Vergabe** öffentlicher Stellen nach **Parteizugehörigkeit**, nicht nach **Qualifikation**
- öffentliche **Finanzierung** aus Steuergeldern erscheint vielen als zu **hoch**
- **Überforderung** der Parteien mit Mittlerrolle zwischen politischem System und Bürgern
- **geringe Repräsentanz** der Bevölkerung in den Parteien (nur 4 % der Deutschen sind Partei-mitglieder)
- **mangelnde innere Demokratie** (vor allem bei Kandidaten- und Listenaufstellung)
- **Mitgliederstruktur:** spiegelt **nicht Querschnitt** der Gesellschaft wider
  - **hohes Durchschnittsalter** (sehr wenige unter 30-Jährige, viele über 60-Jährige)
  - sehr **hoher Männeranteil**

Partei- und Wählertypen

Parteitypen

- nach **ideologisch-politischer Programmatik:**
  linke/sozialdemokratische/sozialistische, grüne, liberale, christdemokratische/konservative und rechtspopulistische Parteien
- nach **Organisationsstruktur:**
  Honoratioren-/Kaderparteien, Massenparteien, professionelle Wählerparteien (heutiger Typ)
  → neben Wählerparteien existieren heute auch Unternehmerparteien (von einzelner Führungs-persönlichkeit wie Unternehmen geführt) und Bewegungsparteien (Netzwerk von Aktivisten)
- nach **Anhängerschaft:**
  Klassenparteien (Arbeiterpartei), Klientelpartei, Volkspartei (catch-all party)

Wählertypen

- **Stammwähler:**
  wählen über langen Zeitraum gleiche Partei (meist aus Gewohnheit, ohne spezifisches Interesse an aktuellem Programm), Anteil der Stammwähler rückläufig
- **Wechsel-/ Protestwähler:**
  Zunahme des Anteils der Wechsel-/Protestwähler; Wechselwähler wählen nach Interesse am aktuellen Programm; Protestwähler wählen oft extreme, häufig auch neue Parteien

Parteiensysteme

- aus verschiedenen Parteien ergibt sich sog. **Parteiensystem**
- Erklärung anhand der Cleavage-Theorie:
  - Parteien etablieren sich an **Konfliktlinien** innerhalb der Gesellschaft (Kapital gegen Arbeit, Kirche gegen Staat, Stadt gegen Land, Zentrum gegen Peripherie)
  - **Konfliktlinien** im deutschen **Parteiensystem** (libertär vs. autoritär, sozialer Ausgleich vs. Marktorientierung/Wirtschaftsfreiheit)
  - Entstehung **neuer Parteien** an **neuen Konfliktlinien** (Modernisierung gegen Tradition, Globalisierung gegen Nationalismus, Klimaschutz gegen Leugnung des Klimawandels)

Auf einen Blick

> *Ü*brigens … Wahlen sind die einfachste und egalitärste Form der Partiziptation.

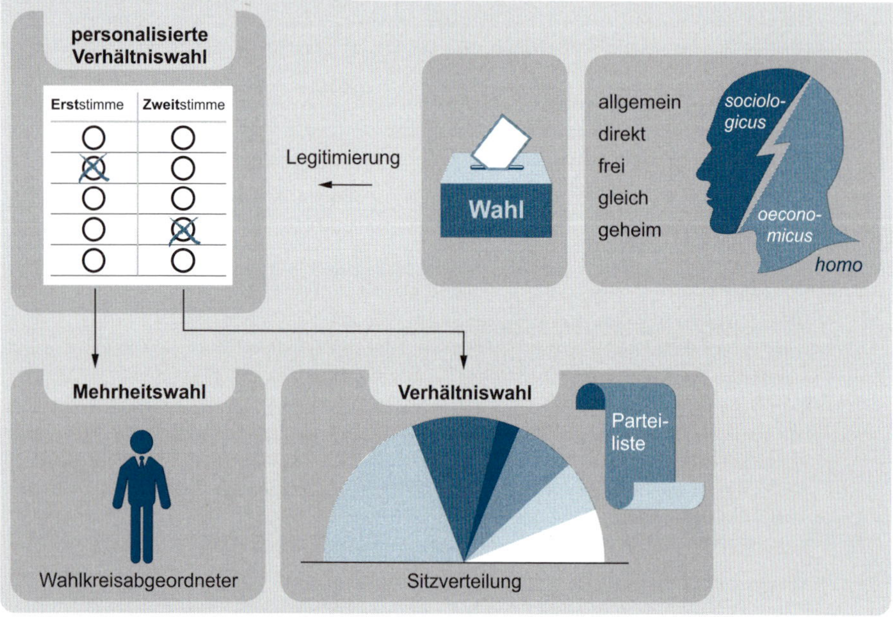

personalisierte Verhältniswahl

Erststimme	Zweitstimme
○	○
⊗	○
○	○
○	⊗
○	○

Legitimierung ← **Wahl**

allgemein
direkt
frei
gleich
geheim

sociolo-gicus
oecono-micus
homo

Mehrheitswahl

Wahlkreisabgeordneter

Verhältniswahl

Partei-liste

Sitzverteilung

Zentrale Funktionen von Wahlen

- einfachste und egalitärste Form der **Partizipation** im **repräsentativen System**
- **Repräsentation** der Interessen der Bevölkerung in politischen Institutionen → **Legitimierung**
- **Rekrutierung** der politischen Elite
- **Kontrolle** der politischen Handlungseinheiten durch Abwählbarkeit
- **Konkurrenzkampf:** Entwicklung **alternativer Problemlösungen/Sachprogramme**
- Hervorbringen einer **handlungsfähigen Regierung** (Ergebnis der Wahl)

Wahlsystem der Bundesrepublik

Wahlrechtsgrundsätze

- **Wahlrechtsgrundsätze** (durch das Grundgesetz festgelegt, Art. 38 GG): Die Wahl ist …
  - **allgemein:** alle Staatsbürger ab 18 Jahre verfügen über ein aktives und passives Wahlrecht
  - **unmittelbar/direkt:** die Abgeordneten werden direkt, d. h. ohne Zwischeninstanz, gewählt
  - **frei:** kein Wahlzwang, freie Wahlentscheidung
  - **gleich:** jede Stimme zählt gleich (Einschränkung: 5 %-Klausel → „Gefahr verlorener Stimmen")
  - **geheim:** die Wahlentscheidung ist anonym

DEMOKRATIE IM POLITISCHEN MEHREBENENSYSTEM

Wahlsystem

- **personalisiertes Verhältniswahlrecht:**
  - Verhältniswahl garantiert Repräsentation jeder Stimme; kein „Winner-takes-it-all"-Ansatz
  - Sperrklausel (fünf Prozent oder drei Direktmandate) gewährleistet Regierungsstabilität durch Konzentrationswirkung (*Hinweis:* Die aktuelle Wahlrechtsreform sieht eine Abschaffung der Grundmandatsklausel, die die 5 %-Hürde umgeht, vor; Stand April 2023)
- **zwei Stimmen:**
  - **Erststimme:** mit dieser Stimme wird der Wahlkreisabgeordnete (Direktmandat) ermittelt; nach Prinzip der Mehrheitswahl
  - **Zweitstimme:** entscheidende Stimme; mit dieser Stimme wird die Anzahl der Mandate der im Bundestag vertretenen Parteien ermittelt; nach Prinzip der Verhältniswahl

Charakteristika des deutschen Regierungssystems

- **parlamentarischer Regierungstypus:** Volk wählt Parlament bzw. Abgeordnete, nicht aber Staats- und Regierungschefs; Bundespräsident (Staatschef) wird von Bundesversammlung, Bundeskanzler (Regierungschef) vom Bundestag mit absoluter Mehrheit gewählt
- **Koalitionsregierung:** häufigste Form in Deutschland, da eine Partei meist nicht die absolute Mehrheit hat (die aber für die Kanzlerwahl nötig ist), Minderheitsregierung aber auch möglich
- **konstruktives Misstrauensvotum:** Kanzler kann durch Parlament abberufen werden, wenn es mit absoluter Mehrheit einen neuen Kanzler wählt (Art. 67 Abs. 1 GG)

Erklärungsmodelle zum Wahlverhalten

- **soziologischer Erklärungsansatz:** individuelle Wahlentscheidung bedingt durch Zugehörigkeit zu bestimmten sozialen Gruppen, kurzfristige Änderungen können nicht erklärt werden
- **individualpsychologischer Erklärungsansatz:** Wahlverhalten als Folge einer individuellen psychologischen Beziehung zu einer Partei, die durch politische Sozialisation entsteht
- **Modell des rationalen Wählers (homo oeconomicus):** Wahlentscheidung rein vernunfts- und interessensgeleitet zur Erzielung des maximalen persönlichen Nutzens
- **Modell der sozialen Milieus (homo sociologicus):** Wahlentscheidung als Folge von Zugehörigkeit zu bestimmten sozial-moralischen Milieus mit fundamentaler Werteorientierung

Direkte Demokratie

- **in Deutschland:**
  - bisher v. a. auf kommunaler Ebene (Bürgerbegehren)
  - zunehmend auch auf Landesebene, aber große Hürden
    (Bsp.: Volksbegehren „Deutsche Wohnen & Co. enteignen" in Berlin)
  - auf Bundesebene kaum bis nicht vorhanden
- erwartete **positive und negative Auswirkungen** direktdemokratischer Entscheidungen:
  - + höhere Partizipation der Bürger
  - + stärker am Gemeinwohl orientierte Entscheidungen
  - – Dominanz der Mittelschicht, dadurch weniger gemeinwohlorientiert
  - – populistische Entscheidungen

Auf einen Blick

*Ü*brigens ... Die erste deutsche Demokratie war die Weimarer Republik. Sie konnte sich jedoch nicht gegenüber dem Nationalsozialismus behaupten.

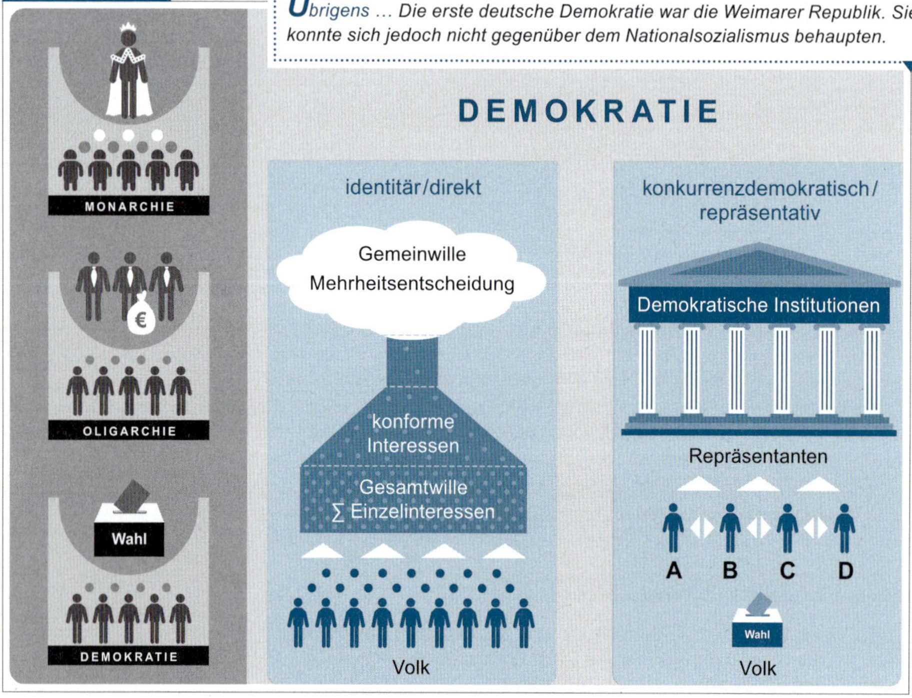

DEMOKRATIE

MONARCHIE

OLIGARCHIE

Wahl

DEMOKRATIE

identitär/direkt

Gemeinwille
Mehrheitsentscheidung

konforme
Interessen

Gesamtwille
∑ Einzelinteressen

Volk

konkurrenzdemokratisch/repräsentativ

Demokratische Institutionen

Repräsentanten

A B C D

Wahl

Volk

Demokratie als Form politischer Herrschaftsordnung

- Unterscheidung der Herrschaftsordnung nach **Anzahl der herrschenden Personen:**
  - **Monokratie:** Herrschaft eines Einzelnen (Diktatur, Despotie, Tyrannei)
  - **Oligarchie:** Herrschaft weniger Personen oder bestimmter Gruppen
  - **Demokratie:** Herrschaft des Volkes (griech. *demos*: das Volk, *kratein*: herrschen)
- **plebiszitäre** Demokratie: **direkte Ausübung** der Herrschaft durch das Volk
- **repräsentative** Demokratie: **Vertretung** des Volkes durch gewählte Repräsentanten
- **Merkmale moderner westlicher Demokratien:** Volkssouveränität, Rechtsstaatsprinzip, Pluralismus, Gewaltenteilung, Menschenrechte, verfassungsgemäßes politisches Handeln

Direktdemokratische und repräsentative Demokratiemodelle

Identitätstheorie nach Jean-Jacques Rousseau (1712–1778)

- **Menschenbild:** die Menschen sind „frei geboren" und „gut"; moralische und politische Gleichheit aller Menschen → jeder ist untrennbarer Teil des Ganzen; friedfertiger Naturzustand
- **Lehre von der Gleichheit in der Gesellschaft:** gleichberechtigtes Bestimmen über das gemeinschaftliche Leben → gemeinschaftliche Verabschiedung von Gesetzen

 DEMOKRATIE IM POLITISCHEN MEHREBENENSYSTEM

- Oberste Richtschnur ist der **Gemeinwille (volonté générale)** als Summe übereinstimmender Einzelinteressen (im Unterschied zum Gesamtwillen als Summe aller Einzelinteressen)
- **Identität von Einzel- und Gemeinwille** → Identität von Herrscher und Beherrschten
- **Gesellschaftsvertrag:** stillschweigende Übereinkunft, dass der Einzelne, der nicht dem Gemeinwillen folgt, von den Gemeinschaftsmitgliedern dazu gezwungen werden darf
- Folgerung: **Gesamtwesen als Souverän** → Selbstregierung des Volkes (direkte Demokratie) durch Abstimmung in der Volksversammlung (Gemeinwille durch Mehrheitsfindung)
- **Kritik:** Widerspruch zwischen Anspruch auf Freiheit und dem Zwang, sich dem Gemeinwillen unterzuordnen; Fehlen vorstaatlicher Rechte (Menschenrechte); Leugnen der Interessensvielfalt; fehlender Minderheitenschutz; keine Entsprechung von Mehrheitsmeinung und Gemeinwillen
- Identitätstheorie als **Legitimation für die direkte Demokratie** (z. B. Volksbegehren, Referendum), für kommunistische Systeme und für Faschismus (z. B. Nationalsozialismus)

Repräsentationstheorie nach John Locke (1632–1704)

- **Menschenbild:** Mensch als vernunftbegabtes Wesen mit der Fähigkeit, in Freiheit und Eigenverantwortung innerhalb der Grenzen des **Naturgesetzes (= Verbot, das Leben oder Eigentum eines anderen zu schädigen)** zu handeln; Freiheit und Gleichheit aller
- **vorstaatliche natürliche Menschenrechte:** Recht auf Selbsterhaltung, Recht auf Selbstjustiz
- Staatszweck: **Schutz des Eigentums** und der **individuellen Rechte**
- die Bürger übertragen einen Teil ihrer natürlichen Macht auf die politische Gemeinschaft/**Repräsentanten** (Volk als eigentlicher Souverän)
- Legislative als höchste Gewalt; Exekutive an Gesetz gebunden (↔ Absolutismus)
- gegenseitige Kontrolle → Grenzen der Macht im Naturrecht des anderen (Leben/Eigentum)
- **Widerstandsrecht** des Volkes bei Machtmissbrauch (Rückfall in den Naturzustand); vorstaatliche Menschenrechte vor allem als Freiheits- bzw. Abwehrrechte gegenüber dem Staat
- **Kritik:** keine Judikative; nur **Eigentümer** sind Bürger (Wahlrecht proportional zum Eigentum)
- **Niederschlag im deutschen Grundgesetz:** Volkssouveränität, Übertragung der Staatsgewalt auf Repräsentanten, Gewaltenteilung, Widerstandsrecht (Art. 20 Abs. 4)

Pluralismusmodell nach Ernst Fraenkel (1898–1975)

- **realistisches Menschenbild:** Mensch in der offenen Gesellschaft agiert interessengeleitet **(Partikularinteressen)** und ist Mitglied verschiedener Gruppen **(heterogene Gesellschaftsstruktur)** → Konflikte legitim und notwendig (↔ totalitäres System)
- Basiskonsens über die **Grundwerte des Zusammenlebens** und Akzeptanz grundlegender **Spielregeln der politischen Auseinandersetzung** zum Erhalt des pluralistischen Systems
- **Annahme:** Konflikte zwischen den Interessengruppen münden in einen Konsens → gesellschaftliches Gleichgewicht; Definition des Gemeinwohls **a posteriori („im Nachhinein")**
- politische Willensbildungs- und Entscheidungsprozesse durch Abgeordnete nach dem Mehrheitsprinzip; Wirken einer Vielzahl von Parteien und Interessengruppen
- **Aufgabe des Staates:** Ausgleich der Benachteiligung schwacher Interessen
- **Kritik:** Machtungleichgewicht → Dominanz der Interessen der Organisationselite; Spielregeln und Auslegung der Grundwerte „beliebig" (z. B. Missachtung sozialer Gerechtigkeit)
- Pluralismus als zentraler **Leitgedanke demokratischer Gesellschaften**

Auf einen Blick

Supranationale Ebene

EU-Parlament
EU-Kommission
Rat der EU
Europäischer Rat

Nationale Ebene

Nationalstaaten
Regierungen
Parteien

Regionale Ebene

Bundesländer
Landkreise
Städte
Kommunen

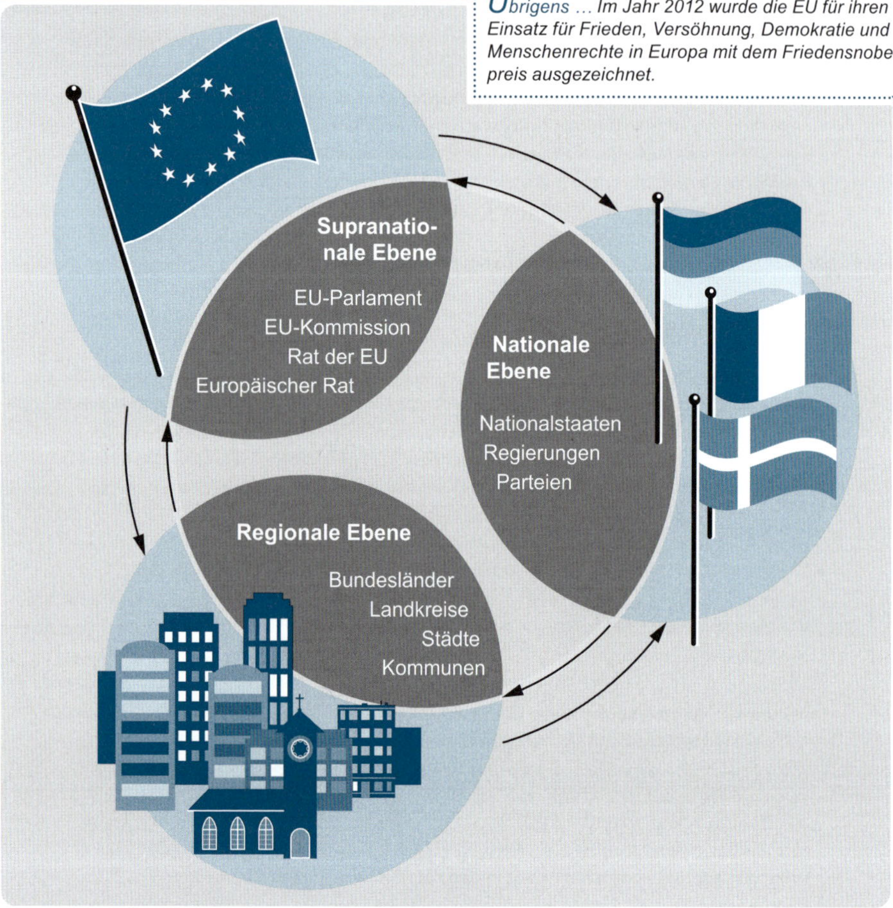

Entstehung und Werte der Europäischen Union

- Schlussfolgerung aus dem Zweiten Weltkrieg war, dass nie mehr Krieg in Europa herrschen soll
  → **europäische Integration**
- **Motive für die Gründung** der Europäischen Union:
  - **neue Identität:** demokratisches Europa als Gegenentwurf zum Nationalismus der vorherigen Jahre
  - **Kontinent des Friedens und der Sicherheit:** europäische Integration zur Verhinderung eines erneuten Kriegs

DEMOKRATIE IM POLITISCHEN MEHREBENENSYSTEM

- **freies und mobiles Leben:** Freizügigkeit und Warenaustausch zwischen den Staaten soll Normalität werden
- **Wachstum und Wohlstand:** europäische Integration soll in den zerstörten Volkswirtschaften wieder für Aufschwung sorgen
- **handlungsfähiges Europa:** europäische Kooperation als einzige Möglichkeit, um zwischen den Supermächten USA und UdSSR bestehen zu können
- **gemeinsame Werte der EU:** Achtung der Menschenwürde, Freiheit, Gleichheit, Demokratie, Rechtsstaatlichkeit, Achtung der Menschenrechte, außerdem nachhaltige Entwicklung der Wirtschaft und System der Sozialen Marktwirtschaft

Rechtssetzungsverfahren in der Europäischen Union

1: ein **Anliegen** wird an die EU herangetragen (z. B. von nationalen Regierungen, dem EU-Parlament, Medien, Bürgerinitiativen usw.)
2: die Europäische Kommission macht zur Sache einen **Vorschlag** und leitet diesen an das EU-Parlament und den Ministerrat weiter
3: das Parlament berät in **1. Lesung** und leitet seinen Standpunkt an den Ministerrat weiter
4: wenn der Ministerrat in 1. Lesung zustimmt, ist ein **Gesetz erlassen**, ansonsten kommt es zu einer **2. Lesung** mit **Änderungswünschen** des Ministerrates
5: in der 2. Lesung berät wieder das Parlament; es kann die Änderungswünsche entweder **annehmen** (Gesetz wird erlassen), das Gesetz mit absoluter Mehrheit **scheitern lassen** oder wiederum **Änderungsvorschläge** machen, die der Ministerrat seinerseits annehmen könnte

Politisches Mehrebenensystem

- **Mehrebensystem:** bei der Betrachtung der EU gibt es drei bedeutende Ebenen
  - **Supranationale Ebene:** EU-Kommission, EU-Parlament, Europäischer Gerichtshof, Europäischer Rat, Rat der Europäischen Union
  - **Nationale Ebene:** Nationalstaaten
  - **Regionale Ebene:** Bundesländer/ Regionen, Landkreise, Kommunen in den Nationalstaaten
- **Problem des politischen Mehrebenensystems:** Konflikte, welche Ebene welche Regelungen erlassen soll/darf → Nationalstaaten haben Souveränität an die EU abgegeben, möchten aber in manchen Bereichen (z. B. Migration) selbst entscheiden
- **Subsidiaritätsprinzip:** die höhere Ebene entscheidet nur dann, wenn die untere es nicht kann; Probleme sollen immer auf möglichst niedriger Ebene entschieden werden

Kritik am politischen System der EU

- **Demokratiedefizit:** große Entscheidungskompetenz von Ministerrat und Kommission, die aber nicht direkt gewählt wurden; weniger Einfluss des EU-Parlaments, das direkt legitimiert ist
- **aber:** Kommission und Rat sind **indirekt legitimiert**, d. h., die Mitglieder des Ministerrates gehören den Regierungen an, die vom Volk gewählt wurden, und auch die Kommissionsmitglieder werden von den nationalen Regierungen vorgeschlagen

DEMOKRATIE IM POLITISCHEN MEHREBENENSYSTEM

Auf einen Blick

Rolle als „Vierte Gewalt"

- politische Kommunikation
- Agenda-Setting
- Prägung der Politikinhalte
- Kontrolle und Diskussion

Schutz Art. 5 GG

WWW

(Massen-) **Medien in der Demokratie**

⚠ Gefahr ?

- Medialisierung der Politik?
- ➤ Mediokratie?
- „Fake or Fact?" in sozialen Medien

Übrigens … Fake News sind Nachrichten, die einem Thema übertrieben viel Aufmerksamkeit widmen, Propaganda oder gezielte Desinformation (Ethan Zuckerman).

(Massen-)Medien

- **verfassungsrechtliche Stellung der Medien** (Presse, Hörfunk, Fernsehen, Bücher, Flugblätter, soziale Medien/Internet): **Meinungs- und Informationsfreiheit** (Art. 5 GG)
  → **Verbot der Zensur** (Schranke: Jugendschutz, Verletzung der persönlichen Ehre)
- Funktionen der Medien im politischen Prozess:
  – **„Mittler"-Funktion:** Mittler zwischen Bürgern, Gesellschaft, Wirtschaft und der Politik
  – **Informationsfunktion:** Informationsbeschaffung und -darbietung
  – **Diskurs-/Meinungsbildungsfunktion:** Plattform für Diskussionen
  – **Kritik-/Meinungsäußerungsfunktion:** öffentliche Stellungnahmen
  – **Filterfunktion:** Nachrichtenauswahl
  – **Enthüllungsfunktion:** Aufdecken von Missständen (investigativer Journalismus)
  – **Kommunikationsfunktion:** Verbreitung von Parteiprogrammen und -positionen

Rolle der Massenmedien als „Vierte Gewalt"

- **politische Kommunikation** zwischen Bürgern und Politik größtenteils über **Massenmedien**
- **Agenda-Setting:** Bestimmung der **politischen Relevanz** von Positionen und Meinungen
- Prägung der **Politikinhalte** und der **Art und Weise**, wie Politik dargestellt und gemacht wird
- **Medialisierung:** Institutionalisierung von Medienregeln im politischen System → überspitzt: Medien vermitteln/erschaffen eine eigene politische und soziale Realität
- sozialwissenschaftlicher Begriff der **„Mediokratie"** (= Medienherrschaft; negativ besetzt → Vorrang der medialen Inszenierung vor sachgerechter Erörterung von Problemen)
- aber: **Wirkung der Massenmedien** (Sender) abhängig vom **Empfänger** und dessen Informationsstand/Urteilsvermögen → Förderung u. a. Aufgabe der politischen Bildung

DEMOKRATIE IM POLITISCHEN MEHREBENENSYSTEM

Organisation und Entwicklung der Medienlandschaft

- **„duale Rundfunkordnung":**
  - öffentlich-rechtliche Rundfunkanstalten (Finanzierung über Beiträge; z. B. ARD, ZDF) und private Hörfunk- und Fernsehanbieter (Finanzierung vorwiegend über Werbung)
  - 14 Landesmedienanstalten: Überwachung der Ausgewogenheit der Programme der privaten Anbieter und Entscheidung über Neuzulassungen
- **privatwirtschaftliche Organisation der Presse** (Finanzierung über Vertrieb und Anzeigen)
- **digitale Macht privater Internetkonzerne** (z. B. Google, Apple, Facebook, Amazon), die auch **eigene Inhalte** produzieren
- zunehmende **Konzentration** im privaten Mediensektor:
  - **horizontal:** Zusammenschlüsse innerhalb eines Marktes (z. B. Fusion von zwei Zeitungen; regionale Zeitungsmonopole)
  - **vertikal:** Zusammenschlüsse von Unternehmen auf vor- oder nachgelagerten Märkten (z. B. Filmstudio kauft Verbreitungskanäle und Fernsehsender)
  - **diagonal:** Zusammenschluss von Medienunternehmen verschiedener Märkte (z. B. einem Unternehmen gehören Zeitungen, Radiostationen, Fernsehsender)
- Problem einer publizistischen Konzentration mit großer Reichweite: Gefahr für die Demokratie aufgrund der möglichen **Meinungsdominanz eines Anbieters**

Digitale Partizipation „Web 2.0"

- **„Web 2.0":** Internetanwendung, die **Interaktivität** ermöglicht → Internet als Plattform („vernetzte Viele")
- neue politische Informations- und Partizipationsmöglichkeiten durch soziale Medien, Podcasts und Blogs:
  - Nutzer als **Content Provider:** Verbreitung von (eigenen) Inhalten auf sozialen Netzwerken
  - Möglichkeit der **direkten Kommunikation** mit politischen Akteuren
  - **Bedeutungsverlust der klassischen Medien** als Übermittler von Informationen
- Chancen:
  - **politische Mobilisierung vieler** zur Durchsetzung von Bürgerinteressen
  - **Enthüllungen**
  - **direkter Kontakt** mit politischen Akteuren in Diskussionsforen (Bürgernähe)
- Risiken:
  - **Filterblase**/Echokammern: **vorgefilterte Informationen** durch Algorithmen, die die Suchergebnisse/Inhalte dem Nutzerverhalten/den Nutzerinteressen entsprechend individuell auswählen → **„Isolation" des Nutzers:** Nutzer findet nur Beiträge, die ähnliche Meinung vertreten
  - **mangelnde Qualitätssicherung** der Informationen (mögliche Verbreitung von **Fake News**)
  - **„digitale Spaltung":** Beteiligung v. a. von jüngeren Menschen mit hohem Bildungsstand und gutem Einkommen (eingeschränkte Repräsentation allgemeiner Interessen)

Auf einen Blick

Übrigens ... Der Großteil der Bevölkerung ist der Meinung, dass Lobbyismus in Deutschland stärker reguliert werden muss.

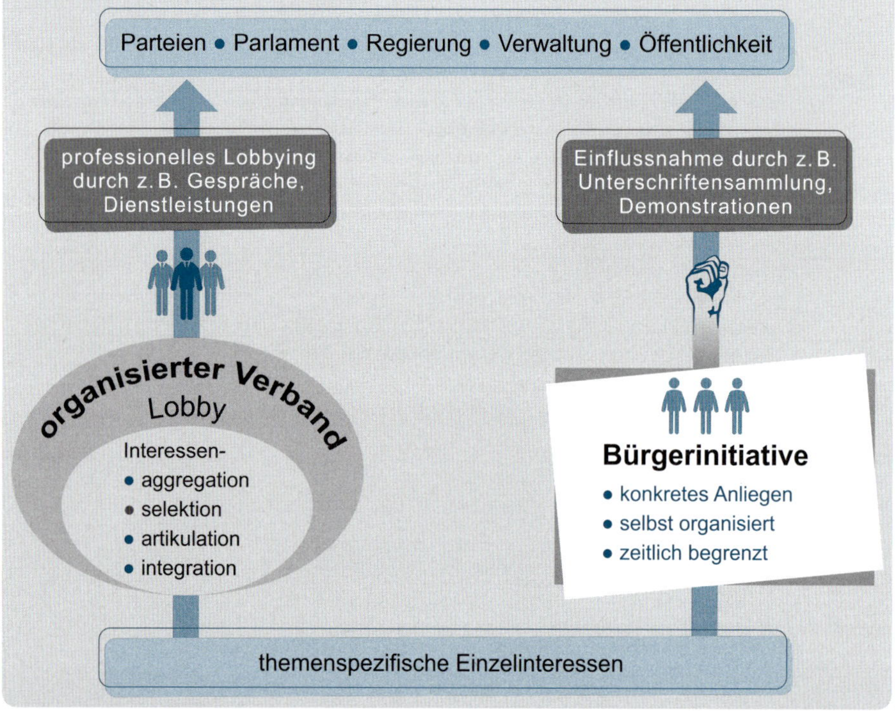

Parteien • Parlament • Regierung • Verwaltung • Öffentlichkeit

professionelles Lobbying durch z. B. Gespräche, Dienstleistungen

Einflussnahme durch z. B. Unterschriftensammlung, Demonstrationen

organisierter Verband
Lobby

Interessen-
- aggregation
- selektion
- artikulation
- integration

Bürgerinitiative
- konkretes Anliegen
- selbst organisiert
- zeitlich begrenzt

themenspezifische Einzelinteressen

Interessenverbände

- **Art. 9 GG (Vereinigungsfreiheit):** verfassungsrechtlicher Schutz des Zusammenschlusses von Bürgern zu Vereinigungen; Voraussetzung: keine Gefährdung der verfassungsmäßigen Ordnung durch deren Zielsetzung
- **Interessenverband:** dauerhafter Zusammenschluss von Personen mit dem Ziel, gemeinsame Interessen durchzusetzen (themenspezifisch) → Chance zur Durchsetzung partikularer Interessen; Repräsentation der gesellschaftlichen Vielfalt in einer pluralistischen Gesellschaft
- Verbände nach den Parteien **wichtigste Vermittlungsinstanz** zwischen Bevölkerung und Staat
- **Funktionen von Interessenverbänden:**
  - Interessenaggregation, -selektion, -artikulation und -integration
  - Schaffen von Partizipationsmöglichkeiten zwischen den Wahlterminen; Erhöhung der Akzeptanz politischer Entscheidungen durch gesellschaftliche Rückkopplung
  - Stärkung der Problemlösefähigkeit der Politik durch Sachverstand/Expertenwissen

DEMOKRATIE IM POLITISCHEN MEHREBENENSYSTEM

Politische Einflussnahme durch Interessenverbände

- **Lobbyismus:** Versuch der Vertreter von Interessengruppen (Lobbyisten), auf Beamte und Abgeordnete Einfluss zu nehmen (engl. „lobby" = Wandelhalle des Parlamentsgebäudes, in der die Lobbyisten das Gespräch mit den Abgeordneten suchen; Begriff meist negativ besetzt)

Adressaten der Einflussnahme

- **Öffentlichkeit:** Öffentlichkeitsarbeit über Presse, Radio und Fernsehen; Bereitstellen von Informationen; Pressekonferenzen/Stellungnahmen zu politischen Entscheidungen und Issues
- **Parteiarbeit:** Nähe zu Parteien; Unterstützung bei Wahlkämpfen → Ziel: Berücksichtigung der Verbandsziele im Parteiprogramm
- **Parlament:** Kontakt zu Abgeordneten; Erwerb von Abgeordnetenmandaten → Besetzung der jeweils themenbezogenen Ausschüsse durch Verbandsmitglieder
- **Regierung und Bürokratie:** Ministerialbürokratie als wichtigster Kontakt für Lobbyisten, da hier Gesetzesentwürfe und Entwürfe für Verordnungen angefertigt werden → Einfluss bereits im Prozess des Agendasettings (vgl. Politikzyklus; Hinweis: Die Mitwirkung von Interessenverbänden ist in den Geschäftsordnungen von Bundestag und Bundesregierung explizit vorgesehen, da sie über Expertenwissen verfügen.)
- **EU:** Einwirken europäischer Dachverbände auf die Entscheidungsprozesse in der EU

Kritik

- **unterschiedliche Durchsetzungskraft:** Einfluss der Verbände abhängig von der Mitgliederzahl, dem Organisationsgrad, der finanziellen Ausstattung sowie den Beziehungen
  → **Benachteiligung einzelner gesellschaftlicher Gruppen**, die sich nicht oder nur schwer organisieren können (z. B. Kinder, alte Menschen, Hausfrauen)
- **Intransparenz politischer Entscheidungen:** (undurchsichtige) Einflussnahme organisierter Interessengruppen auf Exekutive und Legislative zur Durchsetzung von Sonderinteressen
  → sinkende Akzeptanz demokratisch legitimierter Entscheidungen bei den Bürgern
- **Dominanz der Interessen einflussreicher Verbandsfunktionäre:** innere Ordnung von Verbänden ist oft nur formal demokratisch, sodass mächtige Funktionäre unter Umständen in erster Linie ihre Einzelinteressen verfolgen (↔ Parteien)
- **Blockade notwendiger politischer Reformen:** zukunftsweisende politische Entscheidungen, die nicht den Interessen mächtiger Verbände entsprechen, werden von diesen be- oder gar verhindert (z. B. Reformen, die die Automobilindustrie oder den Gesundheitssektor betreffen)

Bürgerinitiativen und soziale Bewegungen

- **Bürgerinitiative:** breit angelegte Form der Selbstorganisation von Bürgern; zeitlich begrenzt zur Ausübung öffentlichen Drucks (informelle Macht) auf politische Entscheidungsträger in konkreten Angelegenheiten; meist auf kommunaler Ebene (aber auch national/europaweit)
- **Problem:** Benachteiligung weniger privilegierter Bevölkerungsschichten; Teilnehmer überwiegend gut ausgebildet und wohlhabend
- **(Neue) Soziale Bewegungen:** heterogene Zusammenschlüsse von Menschen mit Interesse an gesellschaftlicher Veränderung in einem bestimmten Bereich (z. B. Umweltbewegung)

DEMOKRATIE IM POLITISCHEN MEHREBENENSYSTEM

Auf einen Blick

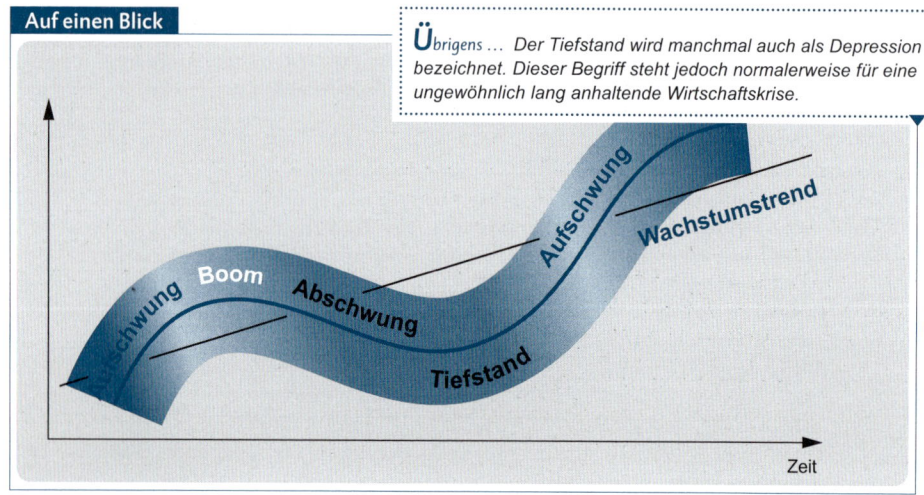

Übrigens … *Der Tiefstand wird manchmal auch als Depression bezeichnet. Dieser Begriff steht jedoch normalerweise für eine ungewöhnlich lang anhaltende Wirtschaftskrise.*

Konjunkturzyklus

- Definition: Konjunktur als Auf und Ab in der Wirtschaftsentwicklung → Wechsel zwischen Wirtschaftskrisen und Wohlstandssteigerungen
- Unterscheidung wirtschaftlicher Schwankungen nach Ursache, Dauer und Stärke
- **saisonale Schwankungen:** kurzfristig (< 1 Jahr); Ursache sind jährliche Ereignisse/Veränderungen, die häufig nur einzelne Branchen betreffen (z. B. „Flaute" in der Baubranche im Winter)
- **Konjunkturzyklus:**
  - Zeitraum, in dem die wirtschaftliche Entwicklung die einzelnen Phasen von einem Aufschwung bis zum nächsten Aufschwung durchläuft
  - dauert nach empirischen Beobachtungen etwa fünf Jahre
  - betrifft mindestens die gesamte Volkswirtschaft (infolge internationaler Verflechtung zum Teil weltweite Übertragung)
- **Maßgrößen:** BIP, Auslastung des Produktionspotenzials
- **Phasen des Konjunkturzyklus:**
  - Phase 1: **Aufschwung**, Expansion (zunehmende BIP-Wachstumsraten)
  - Phase 2: Hochkonjunktur, **Boom**, oberer Wendepunkt (Abflachen der BIP-Wachstumsraten)
  - Phase 3: **Abschwung**, Rezession (abnehmende BIP-Wachstumsraten)
  - Phase 4: Talsohle, **Tiefstand**, unterer Wendepunkt (Tiefstand der BIP-Wachstumsraten, ggf. „Minuswachstum")
- **„Lange Wellen"/Kondratjew-Zyklen:** benannt nach Nikolai Kondratjew; in langen Wellen (50 bis 60 Jahre) verlaufende Schwankungen der Weltkonjunktur ausgelöst durch bahnbrechende Erfindungen (z. B. Erfindung der Dampfmaschine); mittlerweile 6. Kondratjew-Zyklus

Konjunkturindikatoren

- **Konjunkturindikatoren:** Messgrößen für Konjunkturdiagnosen (gegenwärtige Konjunkturphase) und Konjunkturprognosen (voraussichtliche Entwicklung)
- **Frühindikatoren:**
  - Prognose des weiteren Konjunkturverlaufs
  - z. B. Auftragseingang, Geschäftserwartung, Konsumbereitschaft
- **Präsensindikatoren:**
  - Diagnose der aktuellen Konjunkturphase
  - z. B. reales BIP, Kapazitätsauslastung, Kreditnachfrage
- **Spätindikatoren:**
  - verzögerte Reaktion auf Konjunkturänderungen/Folgen der wirtschaftlichen Entwicklung
  - z. B. Preise, Beschäftigung, Löhne, Zahl der Insolvenzen
- **Aussagekraft der Konjunkturindikatoren:**
  - gute Beschreibung der vergangenen Konjunkturentwicklung möglich
  - Prognostizierbarkeit der zukünftigen Konjunkturentwicklung anhand von Konjunktur(früh)-indikatoren fragwürdig

Konjunkturtheorien

- zahlreiche Theorien zur Erklärung wirtschaftlicher Schwankungen
  - **exogene Konjunkturtheorien:** als Ursache für Schwankungen werden äußere Ursachen (z. B. Zuwanderung) gesehen
  - **endogene Konjunkturtheorien:** als Ursache werden Einflüsse innerhalb des Wirtschaftsprozesses gesehen (z. B. Investitionsgüternachfrage)
    - → Zusammenspiel zwischen mehreren Ursachen
- folgende **Erklärungsansätze** sind sehr bekannt:
  - **rein monetäre Theorie:** als Ursache werden monetäre Faktoren (Geldmengen- und Zinsänderungen) gesehen, die zu vermehrter Kreditaufnahme (mehr Investitionen/Konsum → BIP steigt) bzw. verminderter Kreditaufnahme (weniger Investitionen/Konsum → BIP sinkt) führen
  - **Unterkonsumptionstheorie:** als Ursache für das Entstehen eines Abschwungs wird eine verminderte Gesamtnachfrage gesehen; Konsumgüternachfrage bleibt hinter Produktionsmöglichkeiten zurück
  - **Überinvestitions-/Überproduktionstheorie:** übermäßige Ausdehnung des Investitionsgütersektors im Aufschwung, Abbau der Überkapazitäten in der Produktion leitet einen Abschwung ein
  - **psychologische Theorie:** optimistische/pessimistische ökonomische und politische Erwartungen führen zu Multiplikatorprozessen
  - **Theorie des externen Schocks:** Kriege, Naturkatastrophen, politische Veränderungen etc. führen zu Ungleichgewichten

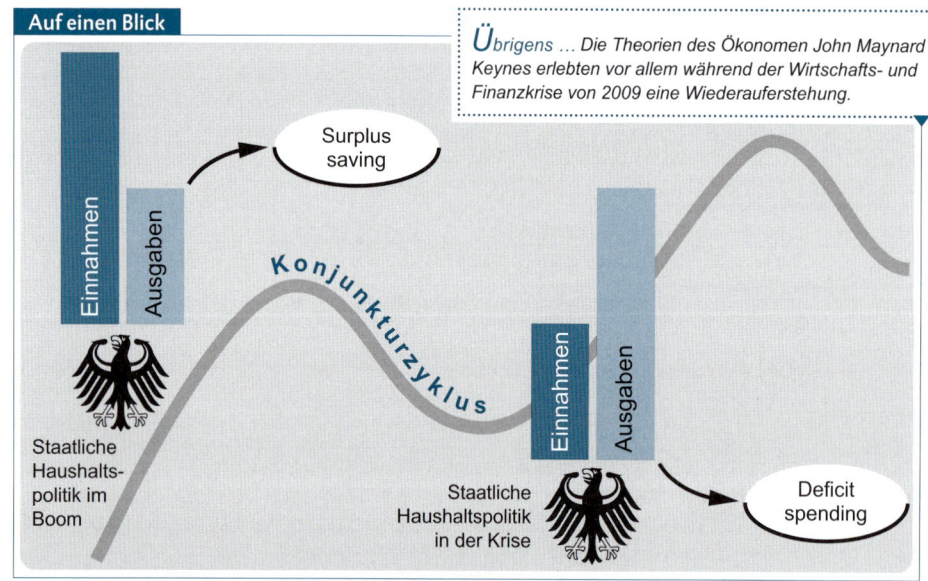

Auf einen Blick

Übrigens ... Die Theorien des Ökonomen John Maynard Keynes erlebten vor allem während der Wirtschafts- und Finanzkrise von 2009 eine Wiederauferstehung.

Surplus saving

Einnahmen · Ausgaben

Konjunkturzyklus

Staatliche Haushaltspolitik im Boom

Einnahmen · Ausgaben

Staatliche Haushaltspolitik in der Krise

Deficit spending

Nachfragetheorie/Fiskalismus/Keynesianismus

- **John Maynard Keynes** (*The General Theory of Employment, Interest and Money*, 1936)
- grundsätzliche **Kritik an klassischer Nationalökonomie/Neoklassik:** Hoffnung auf langfristige Selbstheilung des Marktes in der Krise nutzlos („*in the long run we are all dead*"); Marktmechanismus führt nicht automatisch zu Vollbeschäftigung und optimalem Marktgleichgewicht (Sparen als mögliche Handlungsoption der Haushalte → Nachfrage sinkt; Preise und Löhne nach unten nicht beliebig flexibel)
- außerdem Kritik am **Say'schen Theorem** → jedes Angebot schafft sich seine Nachfrage selbst (Generierung von Einkommen durch die Herstellung des Angebots; dieses Einkommen dient als Grundlage für weitere Nachfrage)
- **Grundannahme:** Schwankungen der Gesamtnachfrage führen zu konjunkturellen Schwankungen und verstärken diese
- **Einflussmöglichkeiten des Staates:** direkter Einfluss auf staatlichen/öffentlichen Konsum, indirekter Einfluss auf privaten Konsum und private Investitionen
  - nachfrageorientierte, **antizyklische Haushaltspolitik** (entgegengesetzter Verlauf der Ausgaben zu den konjunkturbedingten Einnahmen, **Fiskalismus**)
  - **Ziel:** Reduktion der konjunkturellen Schwankungen

Nachfrageorientierte Wirtschaftspolitik

Theorie

- **Handlungsanweisungen für die staatliche Haushaltspolitik:**
  - **in der Krise:** Einnahmensenkung (z. B. Steuersenkungen) und Ausgabenerhöhung (z. B. staatliche Investitionen) mit dem Ziel der Steigerung der gesamtwirtschaftlichen Nachfrage; Deckung der Finanzierungslücke durch Kreditaufnahme (*deficit spending*)
  - **im Boom:** Erhöhung der Einnahmen (z. B. Steuererhöhungen) und Senkung der Ausgaben (z. B. Subventionsabbau) zur Generierung von Überschüssen, um entstandene Defizite auszugleichen (*surplus saving*)
  - **Globalsteuerung** als allgemeine Regel: Beeinflussung gesamtwirtschaftlicher Größen, nicht einzelner Gruppen
- **Ziel:** Verstetigung der gesamtwirtschaftlichen Nachfrage und Dämpfung konjunktureller Schwankungen

Wirkungskette und Multiplikatorprozess

- **Wirkungskette:** Kette, in der die Folge eines „Ursprungs-Impulses" gleichzeitig eine neue Ursache darstellt, sodass sich eine Aufeinanderfolge von Ursachen und Wirkungen ergibt
- **Multiplikatorprozess:** Vervielfältigungswirkung (multiplikative Wirkung); die abhängige Variable ändert sich um ein **Mehrfaches** der Veränderung der unabhängigen Variable
- → **Beispiel:** Staat erhöht seine Ausgaben um einen bestimmten Betrag; gestiegene Staatsausgaben erhöhen die Gesamtnachfrage nicht nur um denselben Betrag (dann wäre der Multiplikator gleich eins), sondern über mehrere Perioden hinweg um einen noch größeren Betrag

Kritik

- **Kritik** und **Wirkungshemmnisse:**
  - **verzögerte Wirkung** staatlicher Maßnahmen (*time lags*)
  - **Dosierung:** zu starke/zu geringe Anreize (von Rezession direkt in die Hochkonjunktur mit schwerwiegenden Folgen für die Preisstabilität/kein Entkommen aus der Rezession)
  - **wachsende Staatsverschuldung** (*deficit spending* > *surplus saving*): Gefahr der strukturellen Haushaltsverschuldung; stark steigendes Zinsniveau durch hohe staatliche Kreditnachfrage (*Crowding-out*-Effekt: Verdrängung der privaten Kreditnachfrage)
  - fehlende Berücksichtigung **langfristiger Störungen** (strukturelle Probleme, Folgen internationaler Verflechtung)
  - **psychologische Faktoren:** Angstsparen, Investitionszurückhaltung aufgrund pessimistischer Zukunftserwartungen
  - **mangelnde Kontinuität** in der Wirtschaftspolitik: Wechsel zwischen restriktiven und expansiven Maßnahmen führt zu Unsicherheit bei den Wirtschaftssubjekten
  - **fehlende Berücksichtigung** der **Geldpolitik**: **Inkaufnahme** von **Inflation**; Stagflation in den 1970er-Jahren (stagnierende Wachstumsraten bei gleichzeitig hoher Inflation)

Übrigens ... Seit den 1970er-Jahren wird vermehrt von ökosozialer Marktwirtschaft gesprochen, die Nachhaltigkeit als Ziel miteinbezieht.

freie Preisbildung
auf dem Markt

Autonomie der
Wirtschaftssubjekte

Privateigentum

Tarifautonomie

MARKT

SOZIALE MARKTWIRTSCHAFT

STAAT

Wirtschaftspolitik

Umweltpolitik

Sozialpolitik

Wettbewerbspolitik

Begriffsabgrenzung

- **Wirtschaftssystem:** theoretisches Konstrukt
- in der Theorie zwei „Reinformen"
  - **freie Marktwirtschaft:** individualistisches System; Marktmechanismus; Koordination von Angebot und Nachfrage durch den Preis als „unsichtbare Hand des Marktes" (Adam Smith)
  - **Planwirtschaft/Zentralverwaltungswirtschaft:** kollektivistisches System; staatliche Koordination, vor allem des Angebots; staatliche Preisfestlegung
- **Wirtschaftsordnung:** Gesamtheit der **realen Rahmenbedingungen** (Rechtsnormen, Institutionen) für wirtschaftliches Handeln in einer Volkswirtschaft
- Festlegung einer Wirtschaftsordnung als Grundsatzentscheidung (Marktwirtschaft vs. Planwirtschaft)
- „Reinformen" existieren real nicht, allerdings überwiegen Elemente eines Wirtschaftssystems
- Beispiele
  - Planwirtschaft: bis 1990 dominierend in der Wirtschaftsordnung der meisten **sozialistischen/ kommunistischen Staaten** im Einflussgebiet der ehemaligen Sowjetunion und der **Volksrepublik China**; noch heute in **Nordkorea**
  - freie Marktwirtschaft: dominierend in der Wirtschaftsordnung der **USA**
- **Kritik an der Planwirtschaft:** Bedürfnisse sind nicht langfristig planbar → Mängel der Güterversorgung; Schwarzmarkt; Unwirtschaftlichkeit; Fehlproduktion; mangelnde Anreize; wenig Innovation mangels Wettbewerb
- **Kritik an freier Marktwirtschaft:** ausschließliches Leistungsprinzip sorgt für soziale Härten; keine sozialen Mindeststandards; mögliche Ausschaltung des Wettbewerbs durch Kartellbildung
- **Wirtschaftsordnung in Deutschland:** nach dem Zweiten Weltkrieg Entscheidung für ein marktwirtschaftliches System mit sozialen Rahmenbedingungen: **Soziale Marktwirtschaft**

Der „dritte Weg"

Bestimmungen des Grundgesetzes

- im Grundgesetz wird zwar keine konkrete Wirtschaftsordnung benannt, allerdings ist eine Tendenz zur **Marktwirtschaft mit freiem Wettbewerb** erkennbar
- **relevante Grundrechte** für diese Interpretation: v. a. Art. 9 (Vereinigungsfreiheit), Art. 11 (Freizügigkeit), Art. 12 (Berufsfreiheit), Art. 14 (Privateigentum)
- ABER: Zusatzforderung im Grundgesetz: **sozialer Ausgleich** und **Nachhaltigkeit**
  - Art. 14: Sozialpflichtigkeit des Eigentums
  - Art. 20/Art. 28: Bundesrepublik als sozialer Bundes- und Rechtsstaat (Sozialstaatsprinzip)
  - Art. 20a: Schutz der natürlichen Lebensgrundlagen und der Tiere
  - Art. 72: gleichwertige Lebensverhältnisse im Bundesgebiet
  - → Verwirklichung dieser Forderungen durch die **Soziale Marktwirtschaft**

Soziale Marktwirtschaft

- benannt und geprägt von Alfred Müller-Armack (u. a. Leiter der Grundsatzabteilung des Wirtschaftsministeriums); umgesetzt von Ludwig Erhard als Wirtschaftsminister (1949–1963) und späterer Bundeskanzler (1963–1966)
- **Definition:** Verbindung der Freiheit auf dem Markt mit dem Prinzip des sozialen Ausgleichs im Rahmen einer Wettbewerbswirtschaft
- **Ziele:**
  - gesellschaftspolitisch: Frieden, Freiheit, Gerechtigkeit, Wohlstand, Sicherheit
  - wirtschaftspolitisch: fixiert im Stabilitätsgesetz → magisches Viereck
- Rolle des Staates: **aktiver Staat** als Garant für Wohlstand und Sicherheit (keine Reduzierung auf sog. „Nachtwächterstaat")
- **Aufgaben des Staates:** u. a. Garantie des Eigentums an Produktionsmitteln, Sicherung des Wettbewerbs, Konjunktur- und Wachstumspolitik, Umverteilung und soziale Sicherung, Erhalt einer lebenswerten Umwelt
- Beispiele für Eingriffe des Staates
  bezüglich des Marktprozesses: Eingriffe des Bundeskartellamts zur Sicherung des Wettbewerbs, regionale Wirtschaftsförderung
  bezüglich des sozialen Ausgleichs: soziale Grundsicherung, Einkommensumverteilung durch progressives Steuersystem, Mindestlohn

Herausforderungen für das Funktionieren der Sozialen Marktwirtschaft

- **demografischer Wandel:** mehr Menschen scheiden aus dem Erwerbsleben aus als eintreten → Generationenvertrag gerät ins Wanken; drohender Fachkräftemangel
- **Staatsverschuldung:** hoher Finanzierungsbedarf eines engmaschigen Sozialnetzes

Auf einen Blick

*Ü*brigens … Der ehemalige US-Präsident Reagan und die ehemalige britische Premierministerin Thatcher waren große Anhänger der Angebotstheorie.

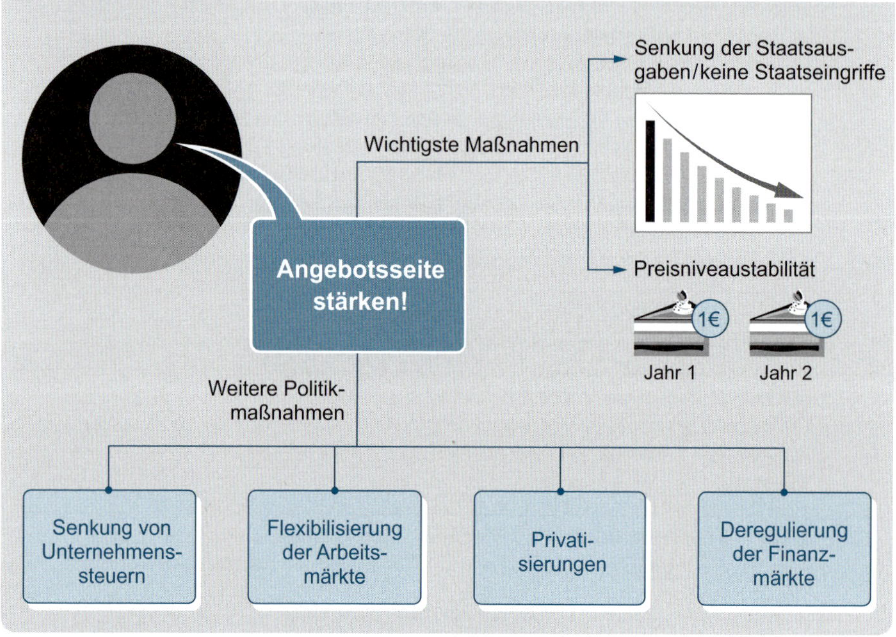

Wichtigste Maßnahmen

Senkung der Staatsaus-gaben/keine Staatseingriffe

Angebotsseite stärken!

Preisniveaustabilität

Jahr 1   Jahr 2

Weitere Politik-maßnahmen

Senkung von Unternehmens-steuern

Flexibilisierung der Arbeits-märkte

Privati-sierungen

Deregulierung der Finanz-märkte

Angebotstheorie/Monetarismus/Neo-Liberalismus

- Milton Friedman (*Capitalism and Freedom*, 1962)
- **Grundannahmen:**
  - **Geldmenge** als **entscheidende** Größe für das **Preisniveau** und die gleichgewichtige Entwicklung der Gesamtwirtschaft (Monetarismus)
  - Glaube an **Stabilität** des **Marktes** (vgl. Neoklassik): Wirtschaftsschwankungen als Folge von Staatseingriffen; Selbstheilungskräfte des Marktes
  - bei **positiven unternehmerischen Rahmenbedingungen** steigen über die Investitionen der Unternehmen Beschäftigung und Einkommen (vgl. Say'sches Theorem)
- **Rolle des Staates:** Schaffen von Rahmenbedingungen für eine freie Entfaltung der Wirtschaft
  - Stärkung der **Marktkräfte**, Gewährung von **Leistungsanreizen**
  - am Wachstum des Produktionspotenzials ausgerichtete Geldmengenpolitik
  - insgesamt: so **wenig Staatseingriffe** wie möglich (liberalistische Staatsauffassung)
    - → Ziel: **Optimierung** der wirtschaftlichen Rahmenbedingungen für die **Angebotsseite** (Ordnungs- und Wettbewerbspolitik)

Angebotsorientierte Wirtschaftspolitik

Handlungsanweisungen für den Staat

- Schaffen eines **verlässlichen ordnungspolitischen Rahmens**
- **Abbau** der Staatsverschuldung
- branchenspezifische Regelungen statt Globalsteuerung
- **Privatisierung** staatlicher Unternehmen
- **Förderung unternehmerischer Aktivitäten:** leistungsfreundliche Unternehmens-
  besteuerung, Deregulierung, Subventionsabbau, Flexibilisierung des Arbeitsmarkts, Förderung
  von Forschung und Entwicklung sowie Bildung, Unterstützung von Existenzgründungen
- konjunkturneutrale Einnahmen- und Ausgabenpolitik
- Anpassung der Geldmenge an Produktionspotenzial: Geldpolitik ausgerichtet auf Preisstabilität

Kritik

- Unternehmen investieren trotz bester Rahmenbedingungen nur, wenn sie auch **Absatz-
  chancen** sehen (Investitionen in Abhängigkeit von der Nachfrage)
- Geldpolitik hat nur **Anreizfunktion**
- in **globalisierter Welt** führt Flexibilisierung der Arbeitsmärkte nicht automatisch zu höherer
  Beschäftigung und höherem Einkommen
- Ignorieren **kurzfristiger Krisen** durch langfristige Ausrichtung
- Angebotspolitik steht in Konkurrenz zum **sozialen Ausgleich** z. B. bei Flexibilisierung des
  Arbeitsmarktes
- psychologische Hemmer/Verstärker
- kein Rüstzeug gegen **Globalisierungseffekte** und **externe Schocks**

Synthese von Nachfrage- und Angebotsorientierung

- auf den ersten Blick: **Unvereinbarkeit** der beiden Konzeptionen
- in der Praxis durchaus **Kombinationen** möglich, z. B. Corona-Konjunkturpaket 2020:
  - befristete Senkung des Mehrwertsteuersatzes, Aussetzen der Schuldenbremse → **Nach-
    frageorientierung**
  - erleichterter Zugang zu Kurzarbeitergeld, Steuervorteil durch Ausweitung des Verlustrück-
    trags für Unternehmen, verbesserte Abschreibungsmöglichkeiten für die Abnutzung bewegli-
    cher Wirtschaftsgüter (AfA) → **Angebotsorientierung**
- zum Teil **Einigkeit über bestimmte Maßnahme**, aber unterschiedliche Begründung
  - Beispiel für Begründung von Investitionen in das Bildungssystem **aus Nachfragesicht:** höhere
    Qualifikation → höheres Einkommen → höherer Konsum
  - Beispiel für Begründung von Investitionen in das Bildungssystem **aus Angebotssicht:** höhere
    Qualifikation → mehr Innovation → Standortfaktor für Unternehmen

Auf einen Blick

Übrigens ... Die meisten Zentralbanken wie die EZB und FED haben sich ein Inflationsziel von unter, aber nahe 2 % gesetzt. Dies ist ein wichtiger Puffer gegen Deflation und räumt den Zentralbanken Raum für expansive Zinspolitik ein.

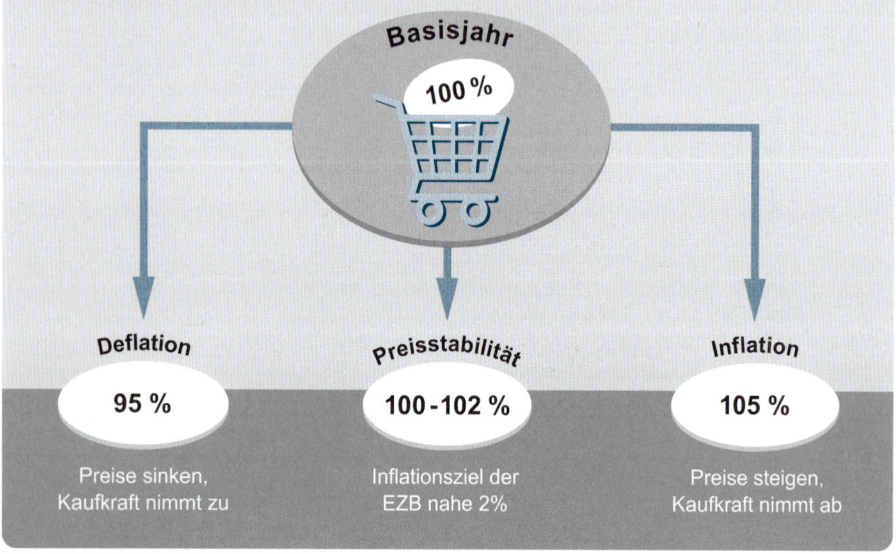

Basisjahr

100 %

Deflation	Preisstabilität	Inflation
95 %	**100 - 102 %**	**105 %**
Preise sinken, Kaufkraft nimmt zu	Inflationsziel der EZB nahe 2%	Preise steigen, Kaufkraft nimmt ab

Markttheorie

Angebot und Nachfrage

- **Angebot:**
  Menge and Gütern oder Dienstleistungen, die auf Markt zum Verkauf stehen
- **Nachfrage:**
  Absicht von Haushalten oder Unternehmen, Güter oder Dienstleistungen zu erwerben

Preisniveaustabilität

- **Preisfunktionen:**
  – Signal-/Indikatorfunktion: Preise zeigen Knappheit an
  – Allokationsfunktion: Produktionsfaktoren werden auf Märkte mit höchstem Preis gelenkt
  – Selektionsfunktion: Wegfall von Unternehmen/Kunden, die sich den Preisen nicht anpassen
  – Messfunktion: Vergleichbarkeit durch Preise
- **Ziel:** Verhinderung von Inflation und Deflation; **konstante Kaufkraft**

Inflation

- Prozess, bei dem die **Preise steigen** und **Kaufkraft verloren** geht
- **Grenzwert der EZB:** Preisniveausteigerung von 2 %
- **Inflationstypen:**
  - **geldmengeninduzierte** Inflation: Erhöhung der Geldmenge z. B. durch den Staat bei gleichbleibendem Güterangebot
  - **angebotsinduzierte** Inflation: Preissteigerungen der Unternehmen z. B. aufgrund steigender Kosten oder fehlenden Wettbewerbs → Problem: zusätzliche Erhöhung der Löhne (z. B. durch Gewerkschaftsverhandlungen) → **Lohn-Preis-Spirale**
  - **nachfrageinduzierte** Inflation: Preissteigerungen aufgrund stark erhöhter Nachfrage
  - **importierte** Inflation: Übertragung aus dem Ausland, z. B. durch erhöhte Rohstoffpreise
  - **gefühlte** Inflation: Verbraucher können eine Inflation anders empfinden als sie gemessen wird
- **Folgen der Inflation:** Störung der Signalfunktion von Preisen, Fehlallokation der Ressourcen
  - **Beispiele für Verlierer:** Sparer, Bezieher fester Einkommen, Gläubiger, Importeure
  - **Beispiele für Gewinner:** Eigentümer (z. B. Immobilien), Schuldner (z. B. Staat als Schuldner)

Deflation

- Prozess, bei dem die **Preise sinken** und die **Kaufkraft zunimmt**
- **Folgen der Deflation:** Verschiebung von Investitions- und Kaufentscheidungen in die Zukunft (Hoffnung auf weiter sinkende Preise) → sinkende Kapazitätsauslastung → mehr Unternehmensinsolvenzen → Entlassungen

Preisniveau

- **Berechnung:** Ermittlung eines Verbraucherpreisindex **(VPI)** auf Grundlage eines **Warenkorbs** (typische Waren und Dienstleistungen, die ein durchschnittlicher Haushalt nutzt) und eines **Wägungsschemas** (Gewichtung der Warengruppen) → in der EU wird zu Vergleichszwecken ein Harmonisierter Verbraucherpreisindex (HVPI) mit einheitlichen Methoden erhoben
- **Beispiel:** Preisindex von 103 → Teuerungsrate von 3 % gegenüber Basisjahr

Geldpolitik der Europäischen Zentralbank

- **oberstes Ziel** des Europäischen Systems der Zentralbanken **(ESZB): Preisstabilität** (außerdem unterstützt es die allgemeine Wirtschaftspolitik in der Union)
- **grundlegende Aufgaben des ESZB (Art. 127 AEU-Vertrag)**
  - Geldpolitik der Union festlegen und ausführen
  - Devisengeschäfte in Einklang mit Art. 219 (dieser Artikel spezifiziert die Wechselkurspolitik)
  - offizielle Währungsreserven der Mitgliedstaaten halten und verwalten
  - reibungsloses Funktionieren des Zahlungssystems fördern
- **Leitzins als zentrales Instrument der Geldpolitik:**
  - bei inflationärer Entwicklung: **Erhöhung des Leitzinses** („sich Geld leihen wird teurer") → Nachfrage nach Waren und Dienstleistungen geht zurück; Preise steigen nicht weiter
  - bei deflationärer Entwicklung: **Senkung des Leitzinses** („sich Geld leihen wird billiger") → Nachfrage nach Waren und Dienstleistungen steigt, Preise steigen

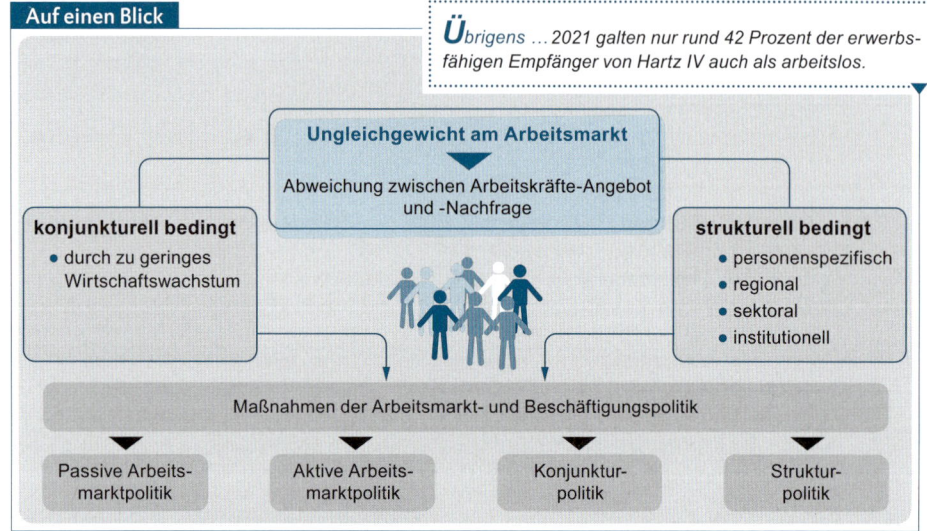

Auf einen Blick

Übrigens … 2021 galten nur rund 42 Prozent der erwerbsfähigen Empfänger von Hartz IV auch als arbeitslos.

Ungleichgewicht am Arbeitsmarkt

Abweichung zwischen Arbeitskräfte-Angebot und -Nachfrage

konjunkturell bedingt
- durch zu geringes Wirtschaftswachstum

strukturell bedingt
- personenspezifisch
- regional
- sektoral
- institutionell

Maßnahmen der Arbeitsmarkt- und Beschäftigungspolitik

Passive Arbeitsmarktpolitik

Aktive Arbeitsmarktpolitik

Konjunkturpolitik

Strukturpolitik

Arbeitslosigkeit und Beschäftigung

Konjunkturelle Arbeitslosigkeit

- eher **kurzfristige Arbeitslosigkeit**, durch **Schwankungen des Wirtschaftswachstums** bzw. der **gesamtwirtschaftlichen Nachfrage** verursacht
- betrifft meistens alle Branchen, nur selten sog. gespaltene Konjunktur, die nur Einzelne betrifft

Strukturelle Arbeitslosigkeit

- **langfristige Arbeitslosigkeit**, die **über den konjunkturellen Zyklus hinausgeht**
- betrifft in der Regel nur Teile der Volkswirtschaft (Branchen, Regionen, Wirtschaftssektoren)

Atypische Beschäftigungsverhältnisse

- in Abgrenzung zum „**Normalarbeitsverhältnis**": Teilzeitbeschäftigung (< 20 Stunden), geringfügige Beschäftigung, befristete Beschäftigung, Zeitarbeitsverhältnisse
- deutliche **Zunahme** im letzten Jahrzehnt
- differenzierte Bewertung: einerseits von Arbeitnehmern erwünscht (z. B. Teilzeitarbeit nach Familiengründung), andererseits Flexibilität für die Unternehmer auf Kosten der Arbeitnehmer

Ursachen für Arbeitslosigkeit

- **personenspezifische** Ursachen: Alter, Geschlecht, Qualifikation
- **regionale** Ursachen: Ost-West-Gefälle, Strukturwandel, z. B. im Ruhrgebiet
- **sektorale** Ursachen: technischer Fortschritt, Digitalisierung, internationale Arbeitsteilung
- **institutionelle** Ursachen: Mindestlöhne, Kündigungsschutzregeln, Arbeitsschutz-Auflagen

Wirtschaftspolitische Maßnahmen

- **Beschäftigungspolitik:** zielt generell auf einen Anstieg des Wirtschaftswachstums mit den damit verbundenen Beschäftigungseffekten ab
- **Arbeitsmarktpolitik:** speziell auf den Arbeitsmarkt ausgerichtet

Systematisierung der Arbeitsmarkt- und Beschäftigungspolitik

- **konjunkturelle Maßnahmen:**
  kurzfristige Maßnahmen zur Belebung der Konjunktur und zur Förderung des Wirtschaftswachstums (z. B. Kurzarbeitergeld, Abwrackprämie) → **Beschäftigungseffekte**
- **strukturelle Maßnahmen** (z. B. Hartz-Reformen 2003–2005, Mindestlohn):
  Maßnahmen zur Veränderung der strukturellen Rahmenbedingungen (z. B. Abbau von Subventionen, Förderung des Strukturwandels) und zur Schaffung positiver Voraussetzungen für Beschäftigung (z. B. Flexibilität im Arbeitsrecht)
  → Bekämpfung struktureller Fehlentwicklungen, die zu Arbeitslosigkeit führen
- Maßnahmen auf dem sog. **Ersten Arbeitsmarkt:**
  - **Definition „Erster Arbeitsmarkt":** „regulärer Arbeitsmarkt", Beschäftigungsverhältnisse, die durch Angebot und Nachfrage bei gegebenen Rahmenbedingungen be-/entstehen (ohne staatliche Förderung)
  - Veränderung der Rahmenbedingungen (z. B. Kündigungsschutzregelungen, Regelungen zur Zeitarbeit)
- Maßnahmen auf dem sog. **Zweiten Arbeitsmarkt:**
  - **Definition „Zweiter Arbeitsmarkt":** Beschäftigungsverhältnisse, die durch direkte staatliche Intervention entstehen bzw. bestehen bleiben
  - Maßnahmen zur Wiedereingliederung von Arbeitslosen in den Arbeitsmarkt und zur Sicherung von Arbeitsstellen (z. B. Subventionierung von Arbeitsstellen, Arbeitsvermittlung, berufliche Weiterbildung) → **aktive Arbeitsmarktpolitik**
- **passive Arbeitsmarktpolitik:** finanzielle Kompensation der Folgen von Arbeitslosigkeit (Lohnersatzleistungen: Arbeitslosengeld, Kurzarbeitergeld, Insolvenzgeld)

Grenzen der Beschäftigungs- und Arbeitsmarktpolitik

- nur bei exakter Ursachenanalyse zielführend
- kontroverse Positionen: je nach politischer Ausrichtung Einsatz unterschiedlicher Instrumente
- **Wirkungshemmnisse** (Timing, Verzögerung/*time lags*, politische Durchsetzbarkeit, psychologische Hemmnisse)
- **Finanzierung** in Zeiten hoher Staatsverschuldung
- **Probleme der Wirksamkeit:** z. B. wirken konjunkturelle Maßnahmen nicht bei struktureller Arbeitslosigkeit

Auf einen Blick

Übrigens …Schon vor der Einführung des gesetzlichen Mindestlohns gab es zahlreiche tarifliche Mindestlöhne. Diese lagen/liegen häufig deutlich über dem gesetzlichen Mindestlohn.

Mindestlohn

Tarifautonomie:
freies Aushandeln der Löhne und Arbeitsbedingungen
zwischen Tarifparteien
(Gewerkschaften und Arbeitgeberverbände)

Lohnhöhe

- **Lohn:** zentrale Größe auf dem Arbeitsmarkt (Regulierung von Angebot und Nachfrage)
- **Messlatte für die Lohnhöhe:**
  - **für Arbeitgeber:** Arbeitsproduktivität → Lohnstückkosten müssen unterhalb des möglichen Ertrags liegen, ansonsten keine Rentabilität
  - **für Arbeitnehmer:** Leistungsgerechtigkeit; angemessene Beteiligung am betrieblichen Erfolg
- **soziale Untergrenze der Lohnhöhe:** bei Vollzeitbeschäftigung muss der Lebensunterhalt bestritten werden können (häufig nicht der Fall: Notwendigkeit staatlicher Zuschüsse, „Aufstocker")
- **Festlegung der Lohnhöhe:** individuell zwischen Arbeitgeber und Arbeitnehmer, in tarifgebundenen Unternehmen zwischen Tarifpartnern (siehe Tarifautonomie)

Mindestlohn

- Einführung eines **flächendeckenden gesetzlichen Mindestlohns** zum 1. Januar 2015 (Höhe: seit 1. Oktober 2022 12,00 Euro brutto)
  - Eingriff des Staates in die Tarifautonomie
  - Folgen auf dem Arbeitsmarkt umstritten
- gesetzlicher Mindestlohn als **Untergrenze für die Lohnhöhe**; branchenspezifische, von den Tarifpartnern ausgehandelte Mindestlöhne liegen häufig darüber
- Mindestlohndebatte über Vor- und Nachteile der Lohnuntergrenze

WIRTSCHAFT UND WIRTSCHAFTSPOLITIK IN DER SOZIALEN MARKTWIRTSCHAFT

Argumente der Gegner

- Mindestlohn oberhalb des Gleichgewichtslohns führt zu einer **Nachfragelücke** bzw. einem **Angebotsüberhang** an Arbeitskräften, d. h., bei einem Mindestlohn oberhalb der Arbeitsproduktivität entsteht Arbeitslosigkeit (Argumentation mithilfe des klassischen Marktmodells)
- Gefahr vor allem bei **ungelernten oder gering qualifizierten Tätigkeiten** (ggf. Differenzierung der Höhe des Mindestlohns je nach Branche sinnvoll)
- neben der Höhe des Mindestlohns **weitere Faktoren** von Bedeutung: Abwanderungsmöglichkeit der Unternehmen in Länder mit niedrigeren Löhnen, Rationalisierungsmöglichkeiten

Argumente der Befürworter

- soziale Argumente: z. B. Verhinderung von Armut, höhere **soziale Gerechtigkeit**
- wirtschaftliche Argumente: z. B. positive Impulse durch die **erhöhte Kaufkraft**, Entlastung des Staatshaushalts aufgrund weniger Sozialtransfers
- politische Argumente: garantiertes Existenzminimum bei Vollzeitbeschäftigung als „Muss" in einer Sozialen Marktwirtschaft

Tarifautonomie

- **Bedeutung:** Löhne und Gehälter der Arbeitnehmer werden autonom zwischen Vertretern der Arbeitgeber (Arbeitgeberverbände) und der Arbeitnehmer (Gewerkschaften) ausgehandelt
- Einschränkung: keine Löhne unterhalb des gesetzlichen Mindestlohns
- **Formen von Tarifverträgen:**
  - **Flächen- und Branchentarifvertrag:** gilt für ganze Regionen oder Branchen → gültig für alle Unternehmen, die dem Arbeitgeberverband angehören, und alle gewerkschaftlich organisierten Arbeitnehmer (in der Regel aber für alle Arbeitnehmer, die dem tarifgebundenen Unternehmen angehören)
  - **Firmentarifvertrag:** gilt für ein einzelnes Unternehmen
  - **Manteltarifvertrag:** legt einen Rahmen für allgemeine Arbeitsbedingungen (z. B. Urlaubsregelungen, Kündigungsbedingungen, Arbeitszeit) fest
- **Allgemeinverbindlichkeitserklärung:** von staatlicher Seite kann ein Tarifvertrag für allgemeinverbindlich erklärt werden → gilt in der Folge auch für nicht tarifgebundene Arbeitgeber und Arbeitnehmer des sachlichen und räumlichen Geltungsbereichs des Tarifvertrags
- **Organisationsgrad der Arbeitnehmer:** in den letzten zwei Jahrzehnten rückläufig, liegt bei nur noch 20 %, d. h., nur 20 % der Arbeitnehmer werden von einer Gewerkschaft vertreten ABER: **Verbindlichkeit der Tarifverträge** für immerhin noch ca. 50 % der Beschäftigten (aufgrund der Tarifbindung des Unternehmens, von Allgemeinverbindlichkeitserklärungen oder aufgrund gleicher Entlohnung der Gewerkschaftsmitglieder und der Nichtmitglieder in einem Unternehmen)

Auf einen Blick

Der Sozialstaat Deutschland

Was ist gerecht? Wer bekommt was?
Wer muss die Kosten tragen?

die Kosten des
Sozialstaats steigen

Agenda 2010 • Hartz-Gesetze ▶ Bürgergeld

*Ü*brigens …
Durch die Bezeichnung „Bürgergeld" soll auch das mit Hartz IV verbundene Stigma überwunden werden.

Gerechtigkeitstheorien

- **soziale Gerechtigkeit:** angemessener Ausgleich von Interessen; gerechte Verteilung von Ressourcen und Möglichkeiten
- verschiedene Gerechtigkeitsbegriffe als Grundlage für die Ausgestaltung des Sozialstaates:
  - **absolute Gerechtigkeit:** Gleichstellung aller Menschen in jeder Hinsicht (z. B. Art. 3 Abs. 1 GG *„Alle Menschen sind vor dem Gesetz gleich"*)
  - **relative Gerechtigkeit (Verteilungsgerechtigkeit):** Befürwortung von Ungleichverteilung unter bestimmten Voraussetzungen (z. B. Mehrleistung → Mehreinkommen)
- Zusammenhang zwischen Bedarfsgerechtigkeit und Leistungsgerechtigkeit: in der primären Einkommensverteilung steht **Leistungsgerechtigkeit** im Vordergrund → **Korrektur** entstehender Ungleichheiten entsprechend dem **Bedarfsprinzip** durch eine sekundäre Einkommensverteilung (z. B. Steuersystem)
- weitere Aspekte von Gerechtigkeit
  - **Generationengerechtigkeit:** unterschiedliche Folgen für die verschiedenen Generationen (z. B. Umgang mit der Umwelt heute → Folgen für kommende Generationen)
  - **Chancengerechtigkeit:** gleiche Startchancen für jeden; dazu wird versucht, Diskriminierung einzudämmen und Benachteiligte zu fördern

Sozialstaat in der Diskussion

Kosten der Sozialleistungen

- Kosten für den Sozialstaat **steigen** → Wer kommt für die Mehrkosten auf?
- **Diskussion** über Finanzierung trotz **grundsätzlichem Konsens**, dass Sozialstaat den sozialen Frieden sichert (z. B. Verteilungskonflikt zwischen Arbeitnehmern und Arbeitgebern)
  - aus Sicht der **Arbeitnehmer:** geringere Kaufkraft durch steigende Sozialbeiträge → sinkende Konsumneigung

- aus Sicht der **Arbeitgeber:** steigende Sozialabgaben als Kostenfaktor für Unternehmen → Umlage auf Preise möglich/nötig → geringere Konkurrenzfähigkeit
- **Beteiligung des Staates:** Verhinderung eines Anstiegs der Sozialabgaben durch **Zuschuss** (Steuergelder) → z. B über 30 % der Rentenversicherung sind Zuschüsse
- **Einflussfaktoren** auf die Finanzierung des Sozialstaates
  - **demografischer Wandel:** je mehr ältere Menschen, desto mehr Rentenansprüche (höherer Unterstützungsquotient) → „Generationenvertrag" in Gefahr
  - **weitere Sozialversicherungen:** ältere Menschen brauchen mehr Krankenversorgung und Pflege → Kosten/Abgaben für Kranken- und Pflegeversicherung steigen
  - **Arbeitsmarktentwicklung:** Gefährdung der Finanzierung des Sozialstaates durch hohe Arbeitslosigkeit (v. a. Ende 20. Jahrhundert) oder geringfügige Beschäftigung

Legitimationskrise

- Legitimationskrise Ende des 20. Jahrhunderts durch **ansteigende Kosten**
- **Reformprozess** unter Gerhard Schröder, der in nahezu allen gesellschaftlichen Bereichen für Veränderungen sorgte: Agenda 2010

Reform des Sozialstaats

- **Agenda 2010:** weitreichende Veränderungen im Bereich der Renten-, Gesundheits-, Familien-, Arbeitsmarkt- und Bildungspolitik; Motto: **Fördern und Fordern**
- Beispiele für Lösungsansätze
  - **Kosten allgemein:** z. B. höhere Selbstbeteiligung, mehr Eigenvorsorge
  - **Rentenversicherung:** z. B. Nullrunden, Förderung von privater Vorsorge (Riester)
  - **Kranken-/Pflegeversicherung:** z. B. höhere Zuzahlungen zu Medikamenten, Zuschlag für Kinderlose zur Pflegeversicherung
  - **Arbeitslosenversicherung:** z. B. Lockerung des Kündigungsschutzes, Kürzung der Bezugsdauer bestimmter Sozialleistungen wie ALG I, Ausbau des sog. zweiten Arbeitsmarktes
  - **sinkende Geburtenrate:** z. B. Einführung von Steuervergünstigungen für die Kinderbetreuung, Ausbau der Kita-Plätze
- schrittweises Inkrafttreten der Hartz-Gesetze
  - **Hartz I** (ab 1.1.2003): Erleichterung neuer Formen der Arbeit (z. B. Leiharbeit), Förderung der beruflichen Weiterbildung, Einführung von Bildungsgutscheinen
  - **Hartz II:** Regelungen für geringfügige Beschäftigung (Mini-/Midijobs) mit geringen Lohnnebenkosten, finanzielle Unterstützung von Selbstständigen in den ersten Monaten (Ich-AG), Einrichtung von Jobcentern zur Beratung
  - **Hartz III:** aus dem primär verwaltenden Arbeitsamt wird die Bundesagentur für Arbeit, die fallbezogenes Management betreiben soll
  - **Hartz IV:** z. B. Reduzierung der Bezugsdauer des ALG I, Zusammenführung von Arbeitslosenhilfe und Sozialhilfe zum ALG II, Schaffung von Arbeitsgelegenheiten mit Mehraufwandsentschädigung (Ein-Euro-Jobs) für ALG II-Bezieher
- Sozialreform 2023: **Einführung des Bürgergelds**; Ablösung von Hartz IV/Arbeitslosengeld II; Grundgedanke: „Mehr Chancen, mehr Respekt" → **Fördern Arbeitsloser** im Mittelpunkt (Qualifizierung und Weiterbildung; auch um dem Fachkräftemangel zu begegnen)

WIRTSCHAFT UND WIRTSCHAFTSPOLITIK IN DER SOZIALEN MARKTWIRTSCHAFT

Auf einen Blick

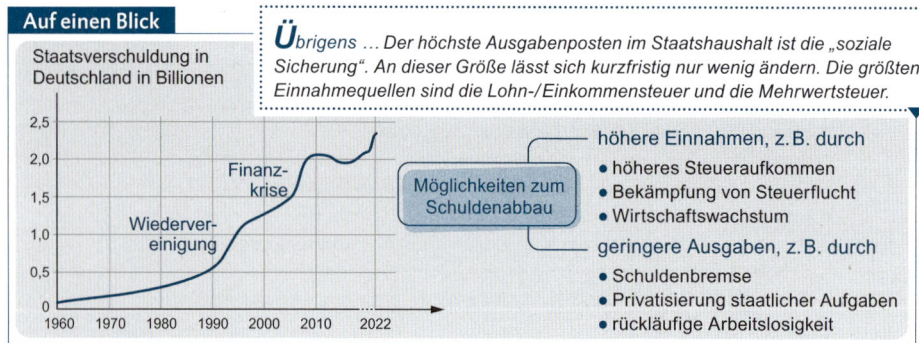

Staatsverschuldung in Deutschland in Billionen

Übrigens … Der höchste Ausgabenposten im Staatshaushalt ist die „soziale Sicherung". An dieser Größe lässt sich kurzfristig nur wenig ändern. Die größten Einnahmequellen sind die Lohn-/Einkommensteuer und die Mehrwertsteuer.

Wiedervereinigung

Finanzkrise

Möglichkeiten zum Schuldenabbau

höhere Einnahmen, z.B. durch
- höheres Steueraufkommen
- Bekämpfung von Steuerflucht
- Wirtschaftswachstum

geringere Ausgaben, z.B. durch
- Schuldenbremse
- Privatisierung staatlicher Aufgaben
- rückläufige Arbeitslosigkeit

Definitionen

- **Staatshaushalt:** Gesamtheit aller Staatseinnahmen und -ausgaben
  - Einnahmen: Steuern, Gebühren, staatliche Unternehmertätigkeit, Kreditaufnahme
  - Ausgaben: gegliedert nach Ressorts
    - → größte Posten: Arbeit und Soziales, Verteidigung, Bundesschuld
- **Gesamtverschuldung:** Summe der insg. aufgelaufenen Schulden (Einnahmen – Ausgaben)
- **Haushaltsdefizit/-überschuss:** Finanzierungslücke/-überschuss innerhalb des Haushaltsjahres
- **Staatsquote:** Anteil der Staatsausgaben am BIP (in Prozent)

Staatsverschuldung

- Ursachen der Staatsverschuldung:
  - **strukturell (Rahmenbedingungen):** Wiedervereinigung, demografischer Wandel, Strukturwandel
  - **konjunkturell:** z. B. geringes Wirtschaftswachstum, konjunkturelle Arbeitslosigkeit
  - **Misswirtschaft:** keine Rückführung des Staatsdefizits, Wahlgeschenke, Verschwendung
- **Folgen der Staatsverschuldung:**
  - **hoher Schuldendienst:** Einengung der Finanz- und Entscheidungsspielräume der Politik
  - **Crowding-out:** Verdrängung der privaten Konsum- und Investitionskreditnachfrage, da die hohe staatliche Kreditnachfrage zu steigenden Kreditzinsen führt
  - **Vertrauensverlust** der Wirtschaftssubjekte in das Land, der zu Kapitalabfluss (Folge: steigende Kreditzinsen) und zu geringerer Investitionsneigung führt
  - **Belastung künftiger Generationen**, die den Schuldendienst leisten müssen

Rechtliche/Politische Grenzen der Verschuldung

- **Schuldenbremse:** Vorschrift des GG (Art. 115 GG) zur Begrenzung der Staatsausgaben
  - der Haushalt ist grundsätzlich **ohne Kredite** auszugleichen
  - bei Kreditaufnahme **gesetzliche Ermächtigung** notwendig
  - Kreditaufnahme in folgenden Fällen möglich: Ausgleich eines **strukturellen Defizits** bis in Höhe von 0,35 % des nominalen BIP; konjunkturelles *deficit spending* (vgl. S. 25), außer-

gewöhnliche **Notsituationen** wie Naturkatastrophen (vgl. wiederholtes Aussetzen der Schuldenbremse zur Abmilderung der finanziellen/wirtschaftlichen Folgen der Corona-Pandemie und der Energiekrise)
- EU-Regelungen: **Stabilitäts- und Wachstumspakt** für die Mitgliedstaaten der EWU
  - Grenzwert für die Gesamtverschuldung: **60 % des BIP**
  - Grenzwert für die Neuverschuldung: **3 % des BIP**
- **aktuelle Schuldenstandsquote Deutschlands:** 66,6 % des BIP (3. Quartal 2022)

Steuern

- **wichtigste Einnahmequelle** des Staates
- **direkte Steuern:** Steuer wird direkt an den Staat gezahlt (z. B. Hundesteuer)
- **indirekte Steuern:** Steuer wird über Dritte an Staat abgeführt (z. B. Mehrwertsteuer)
- **Ziele der Besteuerung:**
  - Finanzierung der Staatsaufgaben/Abbau der Staatsverschuldung
  - wirtschaftspolitische Impulse: z. B. Konjunktursteuerung durch Steuersenkung
  - politische Lenkungsimpulse: z. B. Tabaksteuer, Energiesteuer, Kinderfreibetrag
  - Sekundärverteilung der Einkommen

Grundsätze der Besteuerung

Mögliche Besteuerungsobjekte

- **Einkommen:** Berücksichtigung wirtschaftlicher Leistungsfähigkeit
- **Vermögen:** Problem doppelter Besteuerung (ursprüngliches Einkommen bereits versteuert)
- **Konsum:** effizient, aber überproportionale Belastung von Geringverdienern aufgrund höherer Konsumquote

Grenzen der Besteuerung

- **Lafferkurve:** Steueraufkommen steigt zwar mit steigender Steuerbelastung zunächst an, ab einem kritischen Wert aber stagniert bzw. sinkt es (Vermeidungsstrategien der Steuerzahler nehmen zu, z. B. Nutzen von Steueroasen und anderen Steuerschlupflöchern)
- **wirtschaftspolitische Grenze:** Bremswirkung auf die Wirtschaftstätigkeit
- **psychologische Grenze:** Steuerflucht
- **gesetzliche Grenze:** Recht auf Eigentum (Art. 14 GG)

Ausgestaltung des Steuersystems in Deutschland

- Prinzip der Leistungsfähigkeit
  - Orientierung in erster Linie an Konsum und Einkommen (abhängig von Steuerart)
  - **Ziel:** gerechte Verteilung der Gesamtsteuerlast
  - **progressives Steuersystem:** Besteuerung höherer Einkommen mit höheren Prozentsätzen
- Berücksichtigung **gesellschaftlicher Leistung** (z. B. Ehegattensplitting, Kinderfreibeträge)
- Kritik am deutschen Steuersystem: überproportional hohe Belastung für Verdiener mittlerer Einkommen („Mittelstandsbauch"); komplizierte und teure Erhebung

Auf einen Blick

> *Ü*brigens ... *Island gilt nach dem Weltfriedensindex als das friedlichste Land der Erde. Deutschland belegte 2022 Platz 16.*

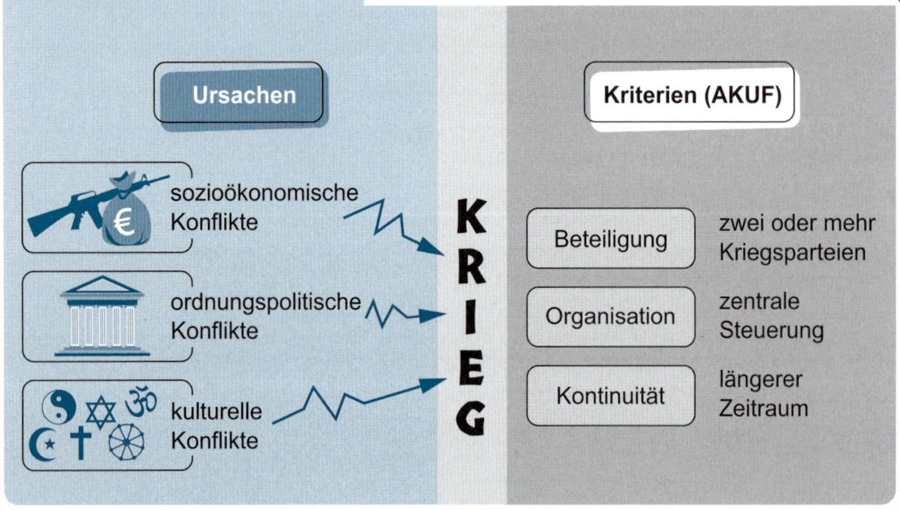

Ursachen

Kriterien (AKUF)

sozioökonomische Konflikte

ordnungspolitische Konflikte

kulturelle Konflikte

K R I E G

Beteiligung — zwei oder mehr Kriegsparteien

Organisation — zentrale Steuerung

Kontinuität — längerer Zeitraum

„Alte" und „neue" Kriege

- Definition von „**Krieg**" nach *AKUF* (Arbeitsgemeinschaft Kriegsursachenforschung) anhand der Kriterien **Beteiligung, Organisation und Kontinuität:**
  Krieg als gewaltsamer Massenkonflikt, ...
  – an dem **zwei oder mehr Kriegsparteien** beteiligt sind, darunter mindestens auf einer Seite reguläre Streitkräfte der Regierung,
  <u>und</u>
  – bei dem ein Mindestmaß an **zentralgelenkter Steuerung** gegeben ist
  <u>und</u>
  – der sich kontinuierlich über einen **längeren Zeitraum** ereignet.
- Abgrenzung „**bewaffneter Konflikt**": gewaltsame Auseinandersetzungen, bei denen die Kriterien der Kriegsdefinition nicht oder nicht in vollem Umfang gegeben sind (meist keine Kontinuität der Kampfhandlungen)

Erscheinungsformen von Kriegen

- **zwischenstaatliche** („klassische") Kriege (z. B. Krieg in der Ukraine)
- **Bürgerkriege** (bewaffnete Auseinandersetzungen zwischen Bürgern eines Staates oder zwischen den Bürgern und dem Staat; häufig, um politische und gesellschaftliche Verhältnisse zu ändern)
- **Interventionskriege** (z. B. UN-Interventionskriege)

INTERNATIONALE BEZIEHUNGEN IM ZEITALTER DER GLOBALISIERUNG

Merkmale „alter" Kriege

- bewaffnete Auseinandersetzung von **Nationalstaaten** („Fortsetzung der Politik mit anderen Mitteln")
- Kontrolle durch **politische Entscheidungsträger** („Primat der Politik")
- Kampf zwischen **Soldaten** (ohne direkte Beteiligung der Zivilbevölkerung)
- abgrenzbares Schlachtfeld
- **Symmetrie** der Gegner
- **formelle Kriegsbeendigung** (Friedensvertrag, Kapitulation)
- Russlands Angriffskrieg gegen die Ukraine als neuer „alter" Krieg?

Merkmale „neuer" Kriege (seit 1990)

- militärische Gewaltanwendung **innerhalb von Staaten** und **transnational** ohne formelle Kriegserklärung (v. a. Anti-Regime-Kriege, Sezessionskriege)
- „Primat der Gruppeninteressen": Destabilisierung politischer Kontrolle; Kriegsführung außerhalb von Regeln/Normen **(Entrechtlichung)**
- Kampf bewaffneter Volksgruppen, „Warlords" und parastaatlicher Einheiten etc. **(Privatisierung des Krieges)**
- Übergriffe auf die **Zivilbevölkerung** (Massaker, Plünderungen)
- keine Trennung zwischen Kampfgebiet und Hinterland
- **Asymmetrie** der Gegner (z. B. Guerillas gegen Staat)
- **kein klares Kriegsende**, allenfalls Verebben der Kampfhandlungen
- „neue" Kriege: z. B. in Afghanistan, Irakkrieg, „Arabellion", syrischer Bürgerkrieg, Mali, Nigeria, Sudan
- → **erschwerte Konfliktbewältigung** aufgrund diffuser Strukturen

Kriegsursachen

- **sozioökonomisch:**
  - Bedeutung von Ressourcen (z. B. Öl, Wasser) → Verteilungskämpfe/Rohstoffkonflikte
  - Struktur des Weltmarkts (z. B. Zentrum – Peripherie; „Handelsverlierer")
  - Asymmetrien der internationalen Beziehungen (z. B. Wohlstandsgefälle zwischen Industrie- und Entwicklungsländern)
- **ordnungspolitisch:**
  - Machtrivalitäten (inner-/zwischenstaatlich), Proliferation (Weiterverbreitung von atomaren, biologischen oder chemischen Massenvernichtungswaffen)
  - Staatsbildung, Staatszerfall (*failing states*)
- **kulturell:**
  - religiöse/ethnische Konflikte
  - kollektive Identitätskrisen
  - Militarisierung
- → in der Regel **Bündel an Ursachen** als Ausgangspunkt für einen gewaltsamen Konflikt/Krieg

Übrigens …
Die Grenzen zwischen Konflikten und Kriegen sind fließend und die Definitionen von Krieg variieren.

Ziele und Aufgaben der internationalen Friedens- und Sicherheitspolitik

Konfliktlösung

- Ursprung von Konflikten: **Interessensgegensätze** von Individuen, Gruppen und Staaten
- Unterscheidung von **zwischenstaatlichen** und **innerstaatlichen Konflikten**, bei denen immer im Einzelfall entschieden wird, ob das Eingreifen anderer Staaten sinnvoll ist
- **Entwicklungsstufen** internationaler Konflikte
  - **latenter Konflikt:** schwelender Konflikt
  - **manifester Konflikt:** offenkundiger Konflikt
  - **Krise:** Spannungszustand
  - **bewaffneter Konflikt:** vereinzelter, nicht organisierter Einsatz von Gewalt
  - **Krieg:** systematischer Einsatz von Gewalt (nachhaltige Zerstörung)
  - **Waffenstillstand:** vertragliche Vereinbarung eines vorläufigen Gewaltverzichts
  - **Frieden:** keine organisierte militärische Gewaltanwendung
  → fließende Grenzen!
- Beispiele für **Kriterien aus Kriegsdefinitionen:** Opferzahlen, Einsatz von Streitkräften, Kontinuität der Kämpfe
- übliche **Maßnahmen** zur Lösung internationaler Konflikte
  - **vorbeugende Diplomatie** (preventive diplomacy)
  - **Friedensschaffung** (peacemaking)
  - **Friedenserzwingung** (peace enforcement)
  - **Friedenssicherung** (peacekeeping)
  - **Friedenskonsolidierung** (peacebuilding)

Friedenssicherung

- fließender **Übergang** zwischen Konfliktlösung und Friedenssicherung

- Möglichkeiten der **Friedenssicherung**, die politikwissenschaftlich diskutiert werden
  - **Integration** mehrerer Staaten (z. B. EU)
  - **multilaterale Bündnisse** (z. B. Nato)
  - **bilaterale** Abkommen (z. B. Schweiz – EU)
  - Förderung von **gegenseitigen Abhängigkeiten** (Interdependenzen)
  - Aufbau eines **Weltstaates** → nur eine theoretische Option
  - Errichtung einer **Hegemonie** (Vormachtstellung) → nur eine theoretische Option
- wichtiges Sicherheitssystem: **Charta der Vereinten Nationen**
  - Verankerung eines grundsätzlichen **Gewaltverbots**
  - Möglichkeiten zum Eingreifen in internationale Konflikte; **aber:** aufgrund des **Vetorechts** im Sicherheitsrat werden diese nicht ausgeschöpft

Erweiterter Friedens- und Gewaltbegriff, zivilisatorisches Hexagon

- **nach Johan Galtung:** Unterscheidung zwischen **personaler** (direkter) und **struktureller** (indirekter) **Gewalt**
  Beispiel: jemanden zu Tode zu prügeln → personale Gewalt; geringere Lebenserwartung in bestimmten sozialen Schichten, obwohl dies vermeidbar wäre → strukturelle Gewalt (bei struktureller Gewalt ist die Gewalt in ein „System" eingebaut, das Ressourcen ungleich verteilt)
- **positiver Frieden:** Abwesenheit von personaler und struktureller Gewalt
- Schaffung von positivem Frieden nach **Dieter Senghaas** mithilfe des **zivilisatorischen Hexagons** (sechs Faktoren, die Entwicklung eines positiven Friedens fördern)
  - Gewaltmonopol (Gewalt darf nur von den zuständigen staatlichen Organen ausgeübt werden)
  - Interdependenzen und Affektkontrolle (gegenseitige Abhängigkeiten der Mitglieder einer Gemeinschaft; der Einzelne lernt, auf Gewalt zu verzichten)
  - Verteilungsgerechtigkeit
  - Kultur konstruktiver Konfliktbearbeitung
  - politische Teilhabe
  - Rechtsstaatlichkeit

Friedensaspekte der Theorien der internationalen Politik

- **Realismus:** Vertreter des Realismus gehen davon aus, dass Frieden entstehen kann, wenn ein Staat eine Hegemonie erreicht (kann andere Staaten dominieren), eine Machtdemonstration erfolgreich war oder Gleichgewichtspolitik betrieben wird (balance of power), also kein Staat übermächtig ist
- **Idealismus:** im Idealismus wird davon ausgegangen, dass vernunftbegabte und lernfähige Menschen den Vorteil von Frieden erkennen; ein Ansatzpunkt zur Friedenssicherung sei deshalb eine Weltgesellschaft; für Krieg und Konflikte werden die nationalen Machteliten verantwortlich gemacht
- **Institutionalismus:** die institutionalistische Denkschule ist pragmatisch geprägt; sie geht davon aus, dass Staaten und gesellschaftliche Gruppen die internationale Politik beeinflussen und dass beide durch rationale Abwägungen zu dem Schluss kommen, dass sich internationale Zusammenarbeit lohnt und den Frieden sichert; auch die Bildung internationaler Institutionen lohne sich zur Sicherung des Friedens

Auf einen Blick

Übrigens … Deutsche Außenpolitik ist geprägt von der historischen Last des Nationalsozialismus und politischen (Bündnis-)Pflichten.

Konzept der
zivilisierenden Außenpolitik

Ziele

- Schutz des nationalen Territoriums
- internationale(r) Frieden/Sicherheit
- Demokratie, Freiheit, Menschenrechte
- Armutsbekämpfung
- Erhalt der Umwelt

Bedingungsfaktoren

- Vorgaben des GG und Wertekonsens
- EU/Europäische Integration
- transatlantische Partnerschaft
- Multilateralismus

Grundsätze deutscher Außen- und Sicherheitspolitik

- **Außenpolitik:** Vertreten der nationalen Interessen gegenüber anderen Staaten
- **hohe außenpolitische Bedeutung** Deutschlands aufgrund **wirtschaftlicher Stärke** und **nationaler Größe** (Schlüsselrolle in NATO, EU sowie wichtige Macht in der UNO)
- Konzept der **zivilisierenden Außenpolitik** mit folgenden **Zielen** und **Grundsätzen:**
  - Primärziel: Schutz der Unversehrtheit des deutschen Staatsgebiets
  - multilaterale Zusammenarbeit (↔ Unilateralismus)
  - Verwirklichung von Frieden und internationaler Sicherheit
  - Einsatz für Demokratie/Freiheit; Weiterentwicklung von Menschenrechten und Völkerrecht
  - Bekämpfung von Armut und sozialer Ungleichheit
  - Erhalt der Umwelt
- **Akteure** der deutschen Außenpolitik:
  - **Außenminister*in:** Federführung beim Aushandeln völkerrechtlicher Verträge/Abkommen
  - **Bundeskanzler*in/Bundesregierung:** Richtlinienkompetenz; personeller Vorschlag für die Besetzung der Außenministerposition; Mitarbeit in internationalen Organisationen
  - **Bundestag:** ausschließliche Gesetzgebung für auswärtige Angelegenheiten und Verteidigung; Mitwirkungsrechte in der auswärtigen Politik; Entscheidung über Bundeswehreinsätze
  - **Bundespräsident*in:** völkerrechtliche Vertretung und Repräsentation nach außen

Das Weißbuch (2016)

- oberstes sicherheits- und verteidigungspolitisches Grundlagendokument der Bundesregierung: v. a. zu außenpolitischen Fragen → Ableitung der Rolle der Bundeswehr (siehe S. 50 f.)
- im Mittelpunkt Zukunftsthemen wie **Krisenfrüherkennung**, **hybride Kriegsführung** und **Cybersicherheit**

INTERNATIONALE BEZIEHUNGEN IM ZEITALTER DER GLOBALISIERUNG

Bedingungsfaktoren deutscher Außen- und Sicherheitspolitik

Verfassungsrechtliche Grundlagen

- Leitlinien: **Friedenspostulat – Westbindung – offener Multilateralismus**
- Präambel des GG: Bekenntnis zur **europäischen Integration** und zum **Weltfrieden**
- Art. 1 Abs. 2 GG: Bekenntnis zu **unveräußerlichen Menschenrechten**
- Art. 24 Abs. 2 GG: Einordnung in ein **System kollektiver Sicherheit**; Beschränkung der Hoheitsrechte (Souveränitätsbegrenzung)
- Art. 25 GG: allgemeine Regeln des **Völkerrechts** als Bestandteil des Bundesrechts
- Art. 26 Abs. 1 GG: **Verbot eines Angriffskriegs**
- Art. 87 a GG: Bereithalten von **Streitkräften zur Verteidigung**

Europäische Integration und Europäische Union

- Europäische Integration und EU als **Rahmen** und **Richtung** deutscher Außenpolitik
- Stärkung des Zusammenhalts und Vertiefung der Zusammenarbeit insbesondere im Bereich der „Gemeinsamen Sicherheits- und Verteidigungspolitik" **(GSVP)**
- möglichst **geschlossenes Auftreten** bei internationalen Belangen; **Beistandsklausel**

Transatlantische Partnerschaft

- USA als engster Verbündeter außerhalb Europas
- historisch bedingte **Westbindung**; **Wertekonsens:** Demokratie, Freiheit, Rechtsstaatlichkeit
- traditionell enge politische und wirtschaftliche Verflechtung

Multilaterale Kooperation

- internationale Zusammenarbeit und verbindliche Regeln statt staatliche Alleingänge
- Mitgliedschaft in zahlreichen internationalen Organisationen:
  - Deutschland als **Mitglied der UNO** → multilaterale intergouvernementale Zusammenarbeit
  - Deutschland als **Mitglied der OSZE** (Organisation für Sicherheit und Zusammenarbeit in Europa, 57 Mitglieder): verstetigte Staatenkonferenz zur Friedenssicherung
  - Deutschland als **Mitglied der NATO** (Nordatlantische Allianz, 30 Mitglieder) → Integration in die Bündnisstruktur und Unterstellung deutscher Truppen unter NATO-Kommando
  - Deutschland als Teil der **G7** → Austausch zu globalen politischen Fragen und Abstimmung von gemeinsamen Positionen und Zielen
  - Partnerschaften und Verhandlungsformate wie z. B. im Rahmen der **G20** (19 Staaten + EU)

Prinzipien des Systems kollektiver Sicherheit

- **gegenseitiger Gewaltverzicht:** Verzicht auf militärische Angriffe; Anerkennung der nationalen Souveränität und der Unverletzlichkeit des Territoriums
- **gegenseitiger Beistand** im Falle eines Verstoßes gegen das Prinzip des Gewaltverzichts (z. B. Art. V des NATO-Vertrags: „**Bündnisfall**")
- **friedliche Streitbeilegung:** im Vorfeld oder nach Beendigung eines Konflikts durch gegenseitige Konsultationen oder Anerkennung einer übernationalen Schiedsgerichtsbarkeit
- → **UNO** und **NATO** als wichtigste internationale Organisationen kollektiver Sicherheit

Auf einen Blick

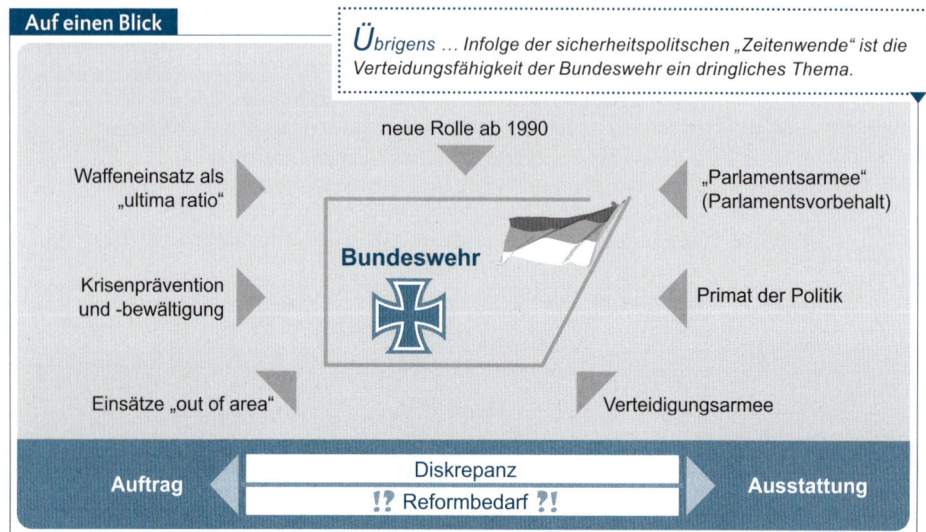

*Ü*brigens ... Infolge der sicherheitspolitschen „Zeitenwende" ist die Verteidigungsfähigkeit der Bundeswehr ein dringliches Thema.

neue Rolle ab 1990

Waffeneinsatz als „ultima ratio"

Bundeswehr

„Parlamentsarmee" (Parlamentsvorbehalt)

Krisenprävention und -bewältigung

Primat der Politik

Einsätze „out of area"

Verteidigungsarmee

Auftrag   Diskrepanz   **Ausstattung**
!? Reformbedarf ?!

Die Bundeswehr

- Entmilitarisierung Deutschlands nach dem Zweiten Weltkrieg
- **NATO-Beitritt** Deutschlands 1955 und „**Wiederbewaffnung**" → Aufstellung westdeutscher Streitkräfte für eine **Armee im NATO-Bündnis** (militärische Beteiligung an der westlichen Sicherheitsgemeinschaft) → **Bundeswehr**
- Charakteristika:
  - bis 2011 Wehrpflichtigenarmee („Staatsbürger in Uniform")
  - 2011: Aussetzung der Wehrplicht → Berufsarmee
  - grundsätzlich: **Primat der Politik** (↔ Weimarer Republik), d. h. Oberbefehl bei Verteidigungsminister bzw. im Verteidigungsfall beim Bundeskanzler
- bis Ende des Ost-West-Konflikts **statische und abwehrende Rolle** der Bundeswehr; Einsatz ausschließlich zur **Verteidigung bei einem militärischen Angriff** innerhalb des NATO-Gebiets („Verteidigungsarmee") → **Aufgabenspektrum:** grundsätzlich Landes- und Bündnisverteidigung, ansonsten Einsatz nur bei innerem Notstand und bei Katastrophen
- „**Parlamentsarmee**": **Budgethoheit** des Bundestags; **Parlamentsvorbehalt** → für jeden **bewaffneten auswärtigen Einsatz** der Bundeswehr muss ein Beschluss der Regierung vorliegen, dem das **Parlament zugestimmt** hat

„Neue" und künftige Rolle der Bundeswehr

- ab 1989/1990 „**neue Rolle**" der Bundeswehr aufgrund des Wandels des sicherheitspolitischen Umfelds (Ende der Blockkonfrontation; neue, asymmetrische Konflikte)

INTERNATIONALE BEZIEHUNGEN IM ZEITALTER DER GLOBALISIERUNG

- 1994 **Out-of-area-Urteil** des Bundesverfassungsgerichts: Verfassungsmäßigkeit von Bundeswehreinsätzen **außerhalb des NATO-Gebiets** → Einsätze im Rahmen von Systemen kollektiver Sicherheit (z. B. UNO) und kollektiver Verteidigung (NATO) sind mit dem Grundgesetz vereinbar, sofern sie der **Friedenswahrung** dienen
- **Erweiterung des Einsatzprofils** um globale **Krisenprävention und -bewältigung**: z. B.
  – Trennung und Überwachung von Konfliktparteien (z. B. Mali)
  – Überwachung eines Waffenstillstands (z. B. Westsahara)
  – Unterstützung beim Aufbau einer zivilen Friedensordnung (z. B. Kosovo)
  – sicherheitspolitische Stabilisierung (z. B. Anti-IS-Einsatz in Jordanien und im Irak)
- Einsatz **militärischer Mittel** als „ultima ratio"
- **Diskussion:** Bundeswehreinsätze, insbesondere in Verbindung mit Kampfhandlungen, innenpolitisch sehr umstritten, während gleichzeitig von den Bündnispartnern die begrenzte Mandatierung der Bundeswehr kritisiert wird
- **„Zeitenwende" 2022:** Umdenken hinsichtlich **Relevanz und militärischer Einsatzbereitschaft** der Bundeswehr infolge des aggressiven militärischen Vorgehens Russlands (siehe unten)

Reformbedarf

- Ziel der Reform: Deutschland als **zuverlässiger Partner** innerhalb der Bündnisse und Allianzen
- **Anpassung der Ressourcen** und der **Kampfbereitschaft** der Bundeswehr an ihre veränderte Rolle („Armee im Einsatz"): Probleme hinsichtlich der Ausstattung und der Einsatzbereitschaft der Mittel → **Diskrepanz** zwischen **Auftrag** (militärischer Beitrag bei der internationalen Krisenbewältigung) und **verfügbaren Mitteln**
- Verbesserung der Einsatzfähigkeit durch Bereitstellung entsprechender Mittel: eigentliche Verpflichtung zur Einhaltung des **2 %-Ziels der NATO** (Anteil der Verteidigungsausgaben am BIP) → **Verbindlichkeit und Notwendigkeit** der Einhaltung des Ziels **innenpolitisch umstritten**; Argumente gegen Einhaltung: Effizienzsteigerung statt Mittelsteigerung; Friedenspolitik durch Bekämpfung der Ursachen von Konflikten und nicht durch Militäreinsatz
- **aktuelle Herausforderungen:** Cyberangriffe, hybride Kriegsführung, angemessene Einsatzbereitschaft, rasche Schwerpunktverlagerung mobiler Kräfte, Unterstützungsleistungen für Alliierte

Änderungen in der Verteidigungspolitik als Reaktion auf den Ukraine-Krieg

- künftige **Erfüllung des 2 %-Ziels** (2 % des BIP ins Verteidigungsbudget)
- **Aufrüstung:** massiver Ausbau und Aufrüstung der Streitkräfte durch ein von der Regierung geplantes **„Sondervermögen Bundeswehr"** in Höhe von 100 Milliarden Euro, das im Grundgesetz verankert werden soll (Erfordernis einer Zwei-Drittel-Mehrheit im Bundestag und Bundesrat); größtes Rüstungspaket in der Geschichte der Bundesrepublik
- Debatte über die **Wiedereinsetzung der Wehrpflicht** (gegenwärtig jedoch unwahrscheinlich: u. a. Sinnhaftigkeit umstritten, grundgesetzliche Hürden, gesellschaftlicher Widerstand)

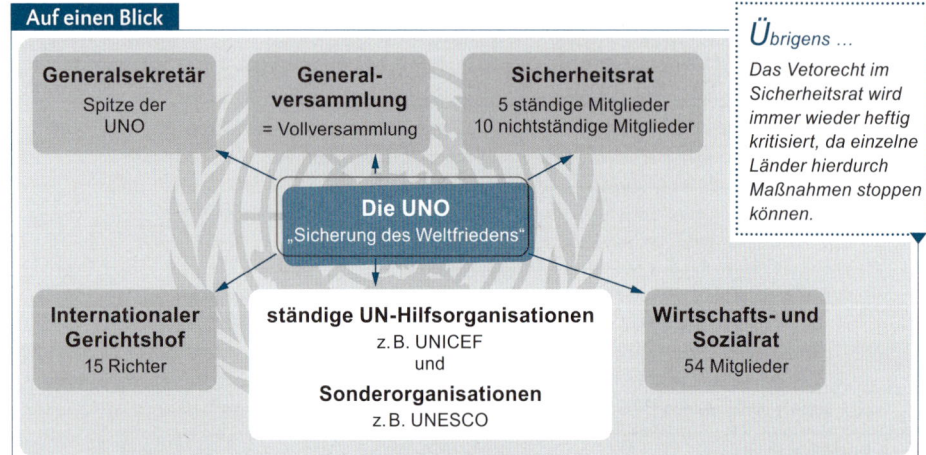

Auf einen Blick

Generalsekretär	General-versammlung	Sicherheitsrat
Spitze der UNO	= Vollversammlung	5 ständige Mitglieder 10 nichtständige Mitglieder

Die UNO
„Sicherung des Weltfriedens"

Internationaler Gerichtshof	ständige UN-Hilfsorganisationen	Wirtschafts- und Sozialrat
15 Richter	z. B. UNICEF und **Sonderorganisationen** z. B. UNESCO	54 Mitglieder

Übrigens …

Das Vetorecht im Sicherheitsrat wird immer wieder heftig kritisiert, da einzelne Länder hierdurch Maßnahmen stoppen können.

Die Organisation der Vereinten Nationen (United Nations Organization, UNO)

- **Gründung der UNO:** 26.6.1945 von 51 Staaten
- aktuelle Situation: **193 Mitglieder** (fast alle Staaten der Welt)
- **oberstes Ziel** der UNO: **Frieden und Sicherheit** auf der ganzen Welt
- **Charta der Vereinten Nationen:** dort sind Aufgaben der UNO beschrieben; enthält Regeln, welche Maßnahmen im Falle einer Gefährdung des Weltfriedens zu ergreifen sind
- **Pflichten der Mitglieder:** Beilegung internationaler Streitigkeiten auf **friedlichem Weg**; Gewaltanwendung nur im Falle von **Selbstverteidigung** oder auf Beschluss des Sicherheitsrates bei einer Gefährdung des Friedens
- Struktur: **Gleichberechtigung** aller Mitgliedstaaten unabhängig von wirtschaftlicher oder militärischer Stärke; keine Abgabe von Souveränitätsrechten → **multilaterale intergouvernementale Zusammenarbeit**
- **Maßnahmen:** Resolutionen (mit Empfehlungen oder Zwangsanordnungen für die Mitglieder)
  - Beispiele für **nichtmilitärische Sanktionen:** Unterbrechung von Wirtschaftsbeziehungen, Abbruch von diplomatischen Beziehungen
  - Beispiele für **militärisches Eingreifen:** Entsenden von Blauhelmsoldaten oder Erteilen eines Mandats an NATO-Truppen (über eigene Truppen oder militärisches Gerät verfügt die UNO nicht)
- **Blauhelmsoldaten:** Soldaten, die sich durch die blauen Helme gut von den regulären Truppen abheben sollen und keinen Kampfauftrag haben (Waffen nur zur Selbstverteidigung)
  - viele **erfolgreiche Blauhelmeinsätze:** z. B. zur Überwachung von Waffenstillständen, zur Absicherung des zivilen Wiederaufbaus, zum Aufbau einer Verwaltung in einem Krisenstaat
  - **Kritik an Blauhelmeinsätzen:** häufig **schlecht ausgebildete Soldaten**, mangelnde Ausrüstung, ungenau formulierte Mandate: in Srebrenica z. B. mussten Blauhelmsoldaten 1995 hilflos bei der Ermordung von 8 000 Zivilisten durch serbische Truppen zusehen

INTERNATIONALE BEZIEHUNGEN IM ZEITALTER DER GLOBALISIERUNG

Struktur der UNO

- fünf Hauptorgane
- Hilfs- und Sonderorganisationen (z. B. UNESCO, IMF)

Generalversammlung

- **Vollversammlung** der UN-Mitgliedstaaten; Treffen: jeden September in New York
- **Aufgaben:** Austausch über Probleme, Geben von Empfehlungen, Wahl der nichtständigen Mitglieder des Sicherheitsrates, Ernennung des UN-Generalsekretärs auf Vorschlag des Sicherheitsrates, Prüfung und Genehmigung des Haushaltsplans der UNO

Sicherheitsrat

- **5 ständige Mitglieder** (USA, GB, F, China, Russland) und **10 nichtständige Mitglieder**, die von der Generalversammlung gewählt werden (immer 5 für 2 Jahre)
- **Vetorecht:** alle ständigen Mitglieder
- **Entscheidungsfindung:** mindestens **9 Stimmen** (darunter alle Vetomächte)
- **Resolutionen:** für alle UN-Mitglieder **verpflichtend**
- **Aufgabe:** Sicherung von Weltfrieden und internationaler Sicherheit → dazu stehen dem Rat umfangreiche Instrumentarien zur Verfügung

Generalsekretär

- **Spitze der UNO** (seit 2017 António Guterres)
- Ernennung: **für 5 Jahre** von der Generalversammlung auf Vorschlag des Sicherheitsrates (Wiederwahl möglich)
- Sekretariat hat **eigene Mitarbeiter** (Generalversammlung/Sicherheitsrat setzen sich dagegen aus Personen zusammen, die weisungsabhängig gegenüber ihren Regierungen sind)
- **Aufgaben:** Repräsentation der UNO nach außen, Verwaltung, Teilnahme an Sitzungen der UN-Hauptorgane, Aufstellen des Haushaltsplans, Organisation von Konferenzen, Studien

Wirtschafts- und Sozialrat (ECOSOC)

- **54 Mitgliedstaaten**, die nach Regionalproporz von der Generalversammlung gewählt werden
- **Aufgaben:** Verbesserung der Lebensstandards in der Welt; Lösung sozialer, wirtschaftlicher und gesundheitlicher Probleme; Förderung von Menschenrechten, Kultur und Erziehung sowie humanitärer Hilfe; Koordination der UN-Sonderorganisationen

Internationaler Gerichtshof (IGH)

- **Hauptrechtsprechungsorgan** der UNO
- Gründung: 1945; Sitz: Den Haag
- Zusammensetzung: **15 Richter** (unterschiedlicher Nationalität)
- Wahl: von Sicherheitsrat und Generalversammlung
- **Urteile:** erfolgen mit **einfacher Stimmenmehrheit** (zur Durchsetzung bedarf es des Sicherheitsrates, allerdings werden die meisten Urteile befolgt)
- **Aufgaben:** Entscheidungen zu Rechtsstreitigkeiten zwischen Staaten (nicht zwischen internationalen Organisationen), Erstellung von Gutachten für Generalversammlung und Sicherheitsrat

---

Auf einen Blick

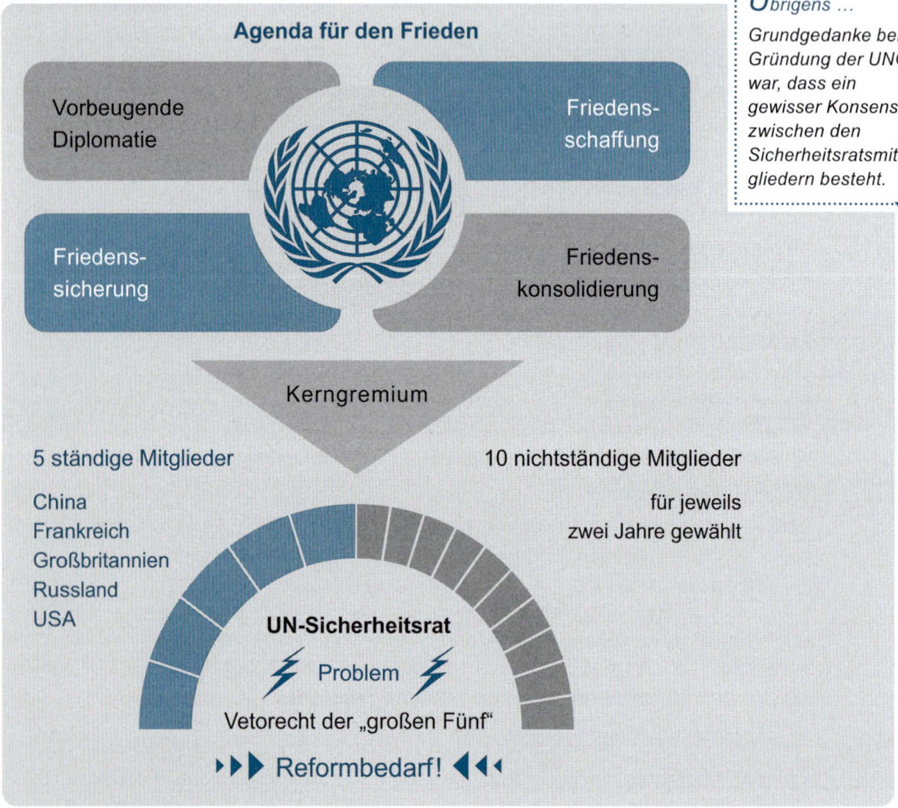

Agenda für den Frieden

| Vorbeugende Diplomatie | | Friedens-schaffung |
| Friedens-sicherung | | Friedens-konsolidierung |

Kerngremium

5 ständige Mitglieder

China
Frankreich
Großbritannien
Russland
USA

10 nichtständige Mitglieder

für jeweils
zwei Jahre gewählt

UN-Sicherheitsrat

⚡ Problem ⚡

Vetorecht der „großen Fünf"

▶▶▶ Reformbedarf! ◀◀◀

„Agenda für den Frieden"

- Konzept des ehemaligen UN-Generalsekretärs Boutros-Ghali für eine **Friedenspolitik der Vereinten Nationen** (1992)
- Verfahren zum **vorbeugenden Konfliktaustrag** und zur **Nachbereitung von Kriegen**
- Ablösung klassischer Friedensoperationen, bei denen das **Militär dominierte**, durch Friedensoperationen der „zweiten Generation": **Einsatz ziviler Experten/Maßnahmen**
- vier Handlungsebenen:

Vorbeugende Diplomatie (preventive diplomacy)

- **Ziel:** Ausbruch gewaltsamer Konflikte verhindern bzw. eingrenzen
- **Mittel:** diplomatische Gespräche, vertrauensbildende Maßnahmen, Frühwarnsysteme, entmilitarisierte Zonen, vorbeugender Einsatz von UN-Truppen

INTERNATIONALE BEZIEHUNGEN IM ZEITALTER DER GLOBALISIERUNG

Friedensschaffung (peacemaking, peace enforcement)

- **Ziel:** feindliche Parteien zu einer Einigung bringen
- **Mittel:** Vermittlung, Verhandlung, Schiedsspruch, Internationaler Gerichtshof, gewaltlose Sanktionen (Verkehrs- und Wirtschaftsblockaden), Friedensdurchsetzung durch UN-Truppen, militärische Gewalt als letztes Mittel

Friedenssicherung (peacekeeping)

- **Ziel:** Lage stabilisieren, Einhaltung der Vereinbarungen überwachen
- **Mittel:** Beobachtermissionen (Wahlbeobachtung, Überwachung des Waffenstillstands), UN-Friedenstruppen, Bildung von Pufferzonen, humanitäre Hilfe
  → umfassendes Konfliktmanagement bzw. Übernahme von Polizeiaufgaben

Friedenskonsolidierung (post-conflict peacebuilding)

- **Ziel:** Frieden stabilisieren, friedlicher Wiederaufbau
- **Mittel:** Entwaffnung der Kriegsparteien, Ausbildung von Sicherheitskräften, Minenräumung, Wiedereingliederung von Flüchtlingen, Hilfe bei Wiederherstellung der Ordnung (Wahlen, Institutionen etc.), Schutz der Menschenrechte, Anregen gemeinsamer Projekte ehemaliger Gegner

Grenzen der Handlungsfähigkeit der UNO

- **Grundsatz:** für alle Mitgliedstaaten verbindliche Entscheidungen kann **nur der UN-Sicherheitsrat** treffen; Resolutionen der Generalversammlung sind rechtlich nicht bindend
- **„ständige Mitglieder"** (USA, GB, China, Russland, Frankreich) repräsentieren nicht die Weltbevölkerung, sondern spiegeln die Machtverhältnisse nach dem Zweiten Weltkrieg wider
- Hauptproblem: **Vetorecht** der ständigen Mitglieder → **Abhängigkeit von den Interessen** der „großen Fünf"; Blockadeverhalten (vgl. keine UN-Resolution zur Verurteilung der russischen Annexion von vier ukrainischen Gebieten im September 2022 infolge eines Vetos von Russland)
- Konsequenz: **Handlungsunfähigkeit des UN-Sicherheitsrates**; Interventionen ohne Mandat des UN-Sicherheitsrates (z. B. Angriff der USA auf den Irak 2003); Machtlosigkeit im Hinblick auf die russische Aggression gegen die Ukraine, nur „schärfste Verurteilung" durch die Generalversammlung, die zumindest **Signalwirkung** hat und den Willen der internationalen Gemeinschaft ausdrücken soll

Konzept internationaler Schutzverantwortung (Responsibility to Protect, R2P)

- Konzept zur Verhinderung und Unterbindung von schweren Verletzungen des humanitären Völkerrechts; Annahme 2005 von der Generalversammlung
- **Verantwortung des Staates**, seine Bevölkerung vor Menschenrechtsverletzungen zu schützen
- **Schutzverantwortung (und -verpflichtung) der Staatengemeinschaft**, wenn der betroffene Staat dazu nicht willens oder nicht in der Lage ist
- **Sicherheitsratsmandat** für militärische Einsätze dennoch nötig, aber hoher Druck zur Intervention
- NATO-Einsatz gegen das Gaddafi- Regime 2011 in Libyen als erster Einsatz, der mit R2P gerechtfertigt wurde

Auf einen Blick

Übrigens ... Globalisierung gilt als ein sich selbst verstärkender Prozess, der nicht mehr rückgängig gemacht werden kann.

Viele **Chancen** wie z. B. „Wohlstandszuwachs"

Anstieg von ...
- internationalem Handel
- internationalen Finanzbeziehungen
- multinationalen Unternehmen
- Auslandsdirektinvestitionen (ADI)

Dominanz der OECD-Staaten

Ökonomische Globalisierung

allgemeine Motive
- Nichtverfügbarkeit/ Überfluss
- Qualitäts- und Kosten- unterschiede

theoretische Erklärungsansätze

Globalisierung

- **Prozess** einer **weltweiten Verflechtung** in allen Dimensionen/Lebensbereichen (Wirtschaft, Politik, Gesellschaft, Kultur, Umwelt)
- wirtschaftliche Globalisierung als **Ursprung** und **wichtigste Triebkraft** der Globalisierung

Ökonomische Globalisierung

- Prozess der **Integration von in- und ausländischen Märkten**
- Austausch von Produktionsfaktoren (Arbeit, Kapital, Technologien, Wissen) und Produkten
- **Voraussetzungen:** technische Neuerungen, politische Maßnahmen wie die Schaffung von Freihandelszonen (z. B. europäischer Wirtschaftsraum, EWR), Containertransport
- **Messgrößen/Merkmale** der ökonomischen Globalisierung:
  – Zunahme des **Welthandelsvolumens**
  – Zunahme der **Welthandelsströme** (starke Zunahme seit den 1990er-Jahren)
  – Zunahme der **ausländischen Direktinvestitionen** (ADI; z. B. Kapitalexport mit dem Ziel der Errichtung von Betriebsstätten oder des Erwerbs ausländischer Unternehmen/-santeile)
- **Dimensionen/Folgen:**
  – steigende Bedeutung **internationaler Gütermärkte** (Export/Import)
  – zunehmende **Internationalisierung der Produktion** (ADI, multinationale Unternehmen)
  – Verflechtung der **internationalen Finanzmärkte** (weltweite Platzierung von Vermögen)
  – zunehmende **internationale Arbeitsmigration**

Struktur des internationalen Handels

- „klassische" Arbeitsteilung (Industrieländer: Fertigprodukte/Schwellen- und Entwicklungsländer: Rohstoffe) verliert an Bedeutung; heute v. a. **Handel mit Vor- und Zwischenprodukten**
- Dominanz der **OECD-Staaten** im Welthandel
- **Triade:** Großteil interregionaler Warenströme zwischen **Europa – Nordamerika – Ostasien**

Motive für internationalen Handel

- **allgemein:** Nichtverfügbarkeit oder Überfluss an Rohstoffen/Gütern; Qualitätsunterschiede, Kostenunterschiede
- **theoretische Erklärungsansätze** für internationalen Handel:

Theorie der absoluten Kostenvorteile (Adam Smith)

ein Land sollte sich auf die Herstellung desjenigen Gutes spezialisieren und dieses exportieren, das es kostengünstiger produzieren kann als alle anderen Länder **(absoluter Kostenvorteil)** → durch **Außenhandel** (Spezialisierung und Arbeitsteilung) profitieren alle beteiligten Länder

Theorie der relativen/komparativen Kostenvorteile (David Ricardo)

- Weiterentwicklung der Theorie der absoluten Kostenvorteile
- Spezialisierung und Handel bringen einem Land auch dann Vorteile, wenn es gegenüber einem anderen Land bei **keinem Gut** über **absolute Kostenvorteile** verfügt
- Voraussetzung: **unterschiedliche Opportunitätskosten** (Verzichtskosten)
- das Land sollte sich auf die Herstellung desjenigen Gutes spezialisieren, bei dem es **geringere Opportunitätskosten** hat als das andere Land **(komparativer Kostenvorteil)**
- jedes Land spezialisiert sich auf die Güter, die es am schnellsten und effektivsten im Vergleich zu anderen herstellen kann → **Wohlstandsgewinne**, da insgesamt mehr produziert werden kann

Faktor-Proportionen-Theorem (Heckscher/Ohlin)

- Struktur des Güterexports und -imports ist abhängig von der **Verfügbarkeit der Produktionsfaktoren** Arbeit, Boden und Kapital
- entscheidend: **Verhältnis der Faktorausstattung** → Export kapitalintensiver Produkte, wenn Kapital relativ reichlich vorhanden ist (z. B. Deutschland: Maschinen); Export arbeitsintensiver Produkte, wenn Arbeitskräfte relativ reichlich vorhanden sind (z. B. Bangladesch: Jeans)

Intraindustrieller Handel: Produktdifferenzierung und Größenvorteile

- internationaler Austausch von **gleichen (aber nicht identischen) Gütern** („unvollkommene Substitute"; z. B. Deutschland exportiert Autos nach Italien und importiert italienische Autos)
- **Anreize für Unternehmen:** Marktvergrößerung, Ausschöpfung von Größenvorteilen
- **Anreize für Volkswirtschaften:** höhere Produktvielfalt auf den heimischen Märkten, steigen der Wettbewerb → Erhöhung der Produktivität, sinkende Preise

Bedeutung von Standortfaktoren im globalen Wettbewerb

- in globalisierter Welt überwiegend **freie Standortwahl** → weltweite Arbeitsplatzverlagerung
- **„harte" Standortfaktoren:** Höhe der Arbeits- und Energiekosten (Problem der Ausbeutung einfacher Arbeiter in den Entwicklungsländern), Umweltauflagen/Sozialstandards (*race to the bottom?*), Dauer von Genehmigungsverfahren, Rechtssicherheit im Land, Ausbau der Infrastruktur (z. B. Straßen, Energiesicherheit, Internet), Qualifikation der Arbeitskräfte (v. a. auch im Bereich Forschung und Entwicklung), Steuersystem, Nähe zum Kunden, Wachstumserwartungen, Achtung der Menschenrechte (vgl. Diskussion um China)
- **„weiche" Standortfaktoren:** Tradition eines Unternehmens, Lebensqualität

Auf einen Blick

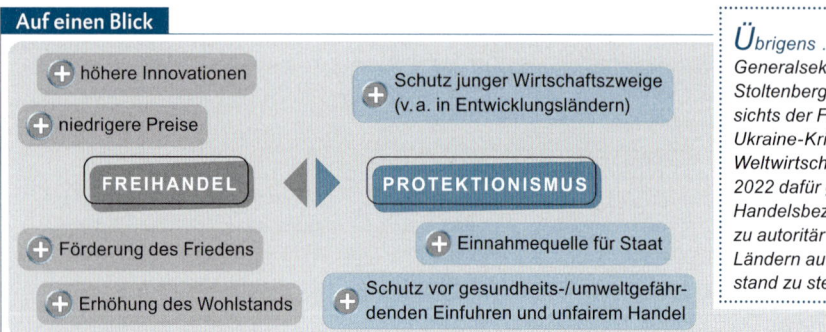

Begriffsbestimmungen

Freihandel

- **Grundannahme:** Erhöhung des Wohlstands aller Beteiligten durch internationale Arbeitsteilung und das Ausnutzen von Kostenvorteilen
- **Grundsatz der Außenhandelspolitik:** freier Austausch von Gütern, Dienstleistungen und Kapital zwischen den Ländern; freie Preisbildung auf dem internationalen Markt
- **Konsequenz:** internationale Wettbewerbsfähigkeit (absolute oder komparative **Kostenvorteile**) notwendig, um auf dem freien Markt bestehen zu können
- **Maßnahmen zur Förderung des Freihandels:** Bildung einer Zollunion, Freihandelszonen, Binnenmarkt, Mitgliedschaft in internationalen Organisationen (insbesondere WTO)
- Beispiele für Freihandelszonen: EU, NAFTA, TTIP

Protektionismus

- **Ziel:** Schutz heimischer Unternehmen vor der internationalen Konkurrenz
- **Grundsatz der Außenhandelspolitik:** politische Maßnahmen in Form von Handelshemmnissen; indirekte oder direkte Beeinflussung der Preisbildung → künstliche Wettbewerbsvorteile der heimischen Industrie
- **protektionistische Maßnahmen: tarifäre Handelshemmnisse** wie Zölle auf ausländische Produkte oder Subventionen für heimische Produkte; **nichttarifäre Handelshemmnisse** wie Kontingente (Importquoten), technische oder Qualitätsnormen, hohe Umwelt- und Sozialstandards, aufwendige und diskriminierende Importabwicklung etc.

Freihandel vs. Protektionismus

Argumente für Freihandel und gegen Protektionismus

- mehr (internationaler) Wettbewerb führt zu **Innovationen** und **sinkenden Preisen**
- Sicherung der **Versorgung** mit national nicht verfügbaren Gütern und von **Arbeitsplätzen**
- durch Spezialisierung und Nutzung von absoluten und relativen Kostenvorteilen optimale Nutzung der Ressourcen und **Erhöhung des Wohlstands** aller Beteiligten
- **Förderung des Friedens** durch internationale Handelsverflechtungen

Argumente für Protektionismus und gegen Freihandel

- Verhindern einseitiger Spezialisierung und **Verringerung der Importabhängigkeit**
- **Schutz** vor **gesundheits-** und **umweltgefährdenden Einfuhren** und **unfairen Handelspraktiken**
- zeitweiliger **Schutz junger Wirtschaftszweige**, bis sie Wettbewerbsfähigkeit erlangt haben
- Zölle und Steuern auf Importe als **Einnahmequelle für den Staat**
- Länder mit Wettbewerbsnachteilen (z. B. Entwicklungsländer) als **Verlierer des Freihandels**
- **negative soziale Effekte** bei unreguliertem Freihandel (z. B. Umweltverschmutzung)

Die WTO (Welthandelsorganisation)

- **W**orld **T**rade **O**rganization; 164 Mitgliedstaaten; umfasst ca. 98 % des Welthandels
- zentrale Prinzipien: **freier Marktzugang**, Gleichbehandlung in- und ausländischer Anbieter **(Inländerbehandlung)**, Handelsvergünstigungen gelten immer für alle WTO-Mitglieder **(Meistbegünstigungsklausel)**
- Dachorganisation von drei Vertragswerken: **GATT** (allgemeines Zoll- und Handelsabkommen), **GATS** (Abkommen über Handel mit Dienstleistungen), **TRIPS** (Übereinkommen über handelsbezogene Aspekte des Rechts am geistigen Eigentum)
- zentrale Entscheidungen werden nach dem **Konsensprinzip** getroffen → zähe Verhandlungen
- trotz Liberalisierung **Regionalisierungstendenzen** durch Freihandelszonen, Wirtschafts- und Zollunionen (EU, NAFTA in Nordamerika, Mercosur in Lateinamerika, ASEAN in Südostasien oder SACU in Südafrika) → diskriminierende Wirkung auf Drittländer

Grenzen nationaler Wirtschaftspolitik in Zeiten der Globalisierung

- starker Einfluss internationaler Verflechtungen auf die nationale (Wirtschafts-)Politik → großer internationaler Wettbewerbsdruck hat Auswirkungen auf folgende Politikbereiche:
  - **Sozial- und Arbeitsmarktpolitik:** z. B. Wettbewerbsnachteile durch höhere Sozial- und Sicherheitsstandards → Anpassungsdruck nach unten (*race-to-the-bottom*)
  - **Konjunkturpolitik:** Abfluss aufgewendeter Mittel ins Ausland über den Import von Konsum- und Investitionsgütern (z. B. Abwrackprämie)
  - **Wettbewerbspolitik:** Marktmacht durch internationale Zusammenschlüsse, die nicht dem nationalen Wettbewerbsrecht unterliegen
  - **Geld- und Währungspolitik:** in Deutschland komplett an die EZB abgegeben und zusätzlich starker Einfluss internationaler Finanzmärkte
  - **Außenhandelspolitik:** stark durch Mitgliedschaft in EU und WTO bestimmt

Europäische Handelspolitik

- **gemeinsame Handelspolitik**, die den Güter-/Warenaustausch mit Drittländern regelt
- Kernelement: gemeinsamer Zolltarif/**Zollunion**; innerhalb der EU: **freier Handelsverkehr**
- Recht der **Europäischen Kommission**, Handelsabkommen mit **Drittländern oder internationalen Organisationen** abzuschließen mit dem Ziel, den **Handel zu fördern** (z. B. Abkommen mit den Ländern der EFTA und Ländern Asiens und Lateinamerikas); i. d. R. wird auch eine über den Güteraustausch hinausgehende Zusammenarbeit angestrebt

Auf einen Blick

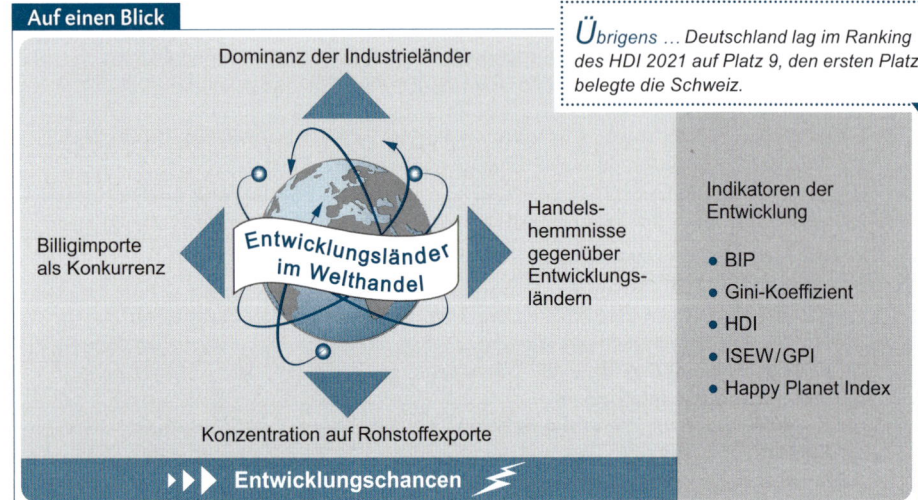

Dominanz der Industrieländer

Billigimporte als Konkurrenz

Entwicklungsländer im Welthandel

Konzentration auf Rohstoffexporte

Handels-
hemmnisse
gegenüber
Entwicklungs-
ländern

Übrigens … Deutschland lag im Ranking des HDI 2021 auf Platz 9, den ersten Platz belegte die Schweiz.

Indikatoren der Entwicklung

- BIP
- Gini-Koeffizient
- HDI
- ISEW/GPI
- Happy Planet Index

▸ ▸ ▸ **Entwicklungschancen**

Begriffsbestimmungen

Entwicklungsländer

Merkmale:
- **unzureichende Versorgung** großer Bevölkerungsgruppen mit Nahrungsmitteln
- **mangelhafte Gesundheitsversorgung**, hohe Kindersterblichkeit, geringe Lebenserwartung
- niedriges Pro-Kopf-Einkommen und **ungleiche Einkommens- und Vermögensverteilung**
- Dominanz des **primären Sektors**
- mangelhafte Infrastruktur
- schlechte Bildungsmöglichkeiten, hohe Analphabetenrate
- **Kapitalmangel** und außenwirtschaftliche Schwierigkeiten aufgrund **hoher Verschuldung**
- **hohe Arbeitslosigkeit**, ausgeprägter **informeller Sektor**
- z. B. Ghana, Mali, Costa Rica, Georgien, Samoa, Belarus, Ecuador

Schwellenländer

Merkmale:
- Länder am **Übergang** vom Entwicklungsland zur Industrienation
- umfassender Wandlungsprozess: hohe wirtschaftliche **Wachstumsraten** und enorme **Steigerung des Pro-Kopf-Einkommens**
- **soziale und politische Entwicklung** (Gesundheit, Bildung, Wasserversorgung, demokratische Strukturen) weit **hinter** wirtschaftlicher Entwicklung
- z. B. Mexiko, Malaysia sowie die BRICS-Staaten (Brasilien, Russland, Indien, China und Südafrika)
- **Problem:** Wachstum vielfach auf **Kosten der Umwelt** (z. B. Raubbau an den Regenwäldern des Amazonas), **fehlende soziale Abfederung**

INTERNATIONALE BEZIEHUNGEN IM ZEITALTER DER GLOBALISIERUNG

Einbindung der Entwicklungsländer in den ökonomischen Globalisierungsprozess

- **Welthandel:** Dominanz der Industrieländer beim Welthandel, hohe Wachstumsraten der Schwellenländer, keine nennenswerten Zuwächse bei den Entwicklungsländern
- **Handelshemmnisse** gegenüber den Entwicklungsländern:
  - Neigung zum Protektionismus in Branchen, in denen die Entwicklungsländer über komparative Kostenvorteile verfügen (z. B. Agrarsektor)
  - Regionalisierungstendenzen/Freihandelszonen, von denen die Entwicklungsländer ausgeschlossen sind (z. B. NAFTA, EU)
- **auf Rohstoffe konzentrierte Exportstruktur:**
  - zum Teil geringe Gewinnspannen
  - ungleiches Warenaustauschverhältnis zulasten der „Dritten Welt" („Terms of Trade": Verhältnis der Einfuhrwerte eines Staates zu dessen Ausfuhrwerten)
  - große Abhängigkeit von der Weltwirtschaftslage
  - bei Export hochwertiger Rohstoffe (z. B. Öl): Aufwertung der lokalen Währung durch hohe Deviseneinnahmen → Schwächung der heimischen Industrie und nachlassende Kaufkraft
- **Zerstörung heimischer Märkte durch Billigimporte** aus Industrie- und Schwellenländern (z. B. subventionierte Agrarprodukte wie Milchpulver, Tomaten)

Indikatoren zur Messung der gesellschaftlichen Entwicklung/des Wohlstands

- **BIP** → Annahme **„Wachstum = Wohlstand"** wird zunehmend hinterfragt; Schwächen:
  - **Basiseffekt:** unterschiedliche prozentuale Veränderung je nach Ausgangswert
  - **marktferne Leistungen:** Vernachlässigung privater Hausarbeit und Schwarzarbeit
  - **Verteilung:** Vernachlässigung der Wohlstandsverteilung
  - **Reparaturleistungen:** BIP enthält auch Reparaturleistungen (z. B. nach einem Sturm)
  - **materielles Maß:** Wiedergabe rein quantitativer Werte
- **Gini-Koeffizient:** gibt den Grad der Ungleichheit der Einkommensverteilung z. B. in einem Land oder einer Region an; 0 = Gleichverteilung, 1 = maximale Ungleichverteilung (Konzentration des Einkommens bei einer einzigen Person)
- **Human Development Index (HDI):** umfassende Wohlstandsermittlung der UNO auf Grundlage des Bruttonationaleinkommens, des Grades der Alphabetisierung und der Lebenserwartung (liegt zwischen 0 und 1; 1 = „höchste menschliche Entwicklung")
- **Index of Sustainable Economic Welfare (ISEW,** „Index für nachhaltigen wirtschaftlichen Wohlstand"): Erweiterung des BIP, Berücksichtigung von sozialen und ökologischen Faktoren (u. a. Privatkonsum, Einkommensverteilung, Wert unbezahlter Hausarbeit, Veränderung des Kapitalbestandes, Kosten der Verschlechterung von Lebens- und Umweltqualität)
  → Weiterentwicklung (z. B. verbesserte Kalkulation zur Bewertung des steigenden Bildungsniveaus) zum **GPI (Genuine Progress Indicator)**
- **Happy Planet Index:** Maß für die ökologische Effizienz einer Gesellschaft bei der Erzeugung von Zufriedenheit auf Grundlage der Faktoren **Lebenszufriedenheit**, **Lebenserwartung** und **ökologischer Fußabdruck** (= Darstellung des produzierten Abfalls und des CO_2-Aufkommens als Fläche, die der Abfall als Lagerfläche verbraucht und die zur Absorption der Luftverschmutzung nötig ist)

Auf einen Blick

- militärpolitische
- sicherheitspolitische
- ökonomische
- solidarische/moralische
- ... **Motive**

Schwellenländer

Entwicklungspolitik

Entwicklungsländer

Entwicklung

Übrigens ...
Gemessen am BIP/Kopf gilt Burundi (Afrika) als das ärmste Land der Welt.

- Bildungschancen
- Gesundheit
- „good governance"
- Nachhaltigkeit
- Wohlstand

Entwicklungspolitik und Entwicklungszusammenarbeit

- **Entwicklungspolitik:** Konzepte, Strategien und Programme von Staaten oder internationalen Organisationen, mit denen die wirtschaftlichen, sozialen und politischen Defizite in den sogenannten Entwicklungsländern vermindert werden sollen
- 1961 Gründung des Bundesministeriums für wirtschaftliche Zusammenarbeit und Entwicklung (BMZ)
- Begriff Entwicklungs*zusammenarbeit* betont, dass die Länder, mit denen Deutschland entwicklungspolitisch zusammenarbeitet, nicht als Empfänger von Hilfsleistungen, sondern als gleichberechtigte Partner angesehen werden (↔ Entwicklungs*hilfe*)
- Deutschland aktives **Mitglied vieler internationaler Organisationen** mit dem Ziel der Entwicklungshilfe und der Entwicklungszusammenarbeit; z. B. UNO, Weltbank, IWF und verschiedene NGOs wie Kirchen und politische Stiftungen
- deutsche Entwicklungspolitik eingebunden in eine europäische und internationale Entwicklungspolitik: **multilaterale Abstimmung der bilateralen Zusammenarbeit** mit den verschiedenen Partnerländern
- **Entwicklungspolitik** als **Säule der Außenpolitik** und Teil einer **umfassenden Friedens- und Sicherheitspolitik**
- Entwicklungspolitik **wertegeleitet** („Gebot der Menschlichkeit") und **interessengeleitet** („Gebot der Vernunft"),

Motive und Ziele der Entwicklungspolitik

Motive

- **militärpolitische Interessen:** v. a. während des Ost-West-Konflikts zur Bindung der Entwicklungsländer an das eigene Bündnissystem
- **erweiterte langfristige Sicherheitsmotive:**
  - Schutz globaler öffentlicher Güter wie Klima und Weltgesundheit (z. B. Etablierung von Förderrichtlinien in Partnerländern)
  - Verhindern von Flüchtlingsströmen durch Ursachenbekämpfung in den Herkunftsländern
  - Verhindern einer Radikalisierung in den Entwicklungsländern infolge von Armut und Aussichtslosigkeit
  - → **Krisenprävention** und **Konfliktentschärfung** (präventive Friedenspolitik)
- **ökonomische Motive:** Entwicklungsländer als Exportländer → Sicherung der Rohstoffversorgung durch gezielte Zusammenarbeit
- **Solidarität und Moral:** internationale Sozial- und Umverteilungspolitik (aber: Gefahr einer „Almosen-Mentalität"; besser: **„Hilfe zur Selbsthilfe"**, nachhaltige Entwicklung), Schutz der Menschenrechte

Ziele

- Zugang zu Bildung
- Gesundheitsversorgung
- „good governance" (gute Regierungsführung)
- nachhaltige wirtschaftliche Entwicklung und Klimaschutz
- Stärkung der Rechte benachteiligter Gruppen (z. B. Frauen) im Sinne einer „feministischen" Entwicklungspolitik (gleichberechtigte Teilhabe am politischen, wirtschaftlichen und gesellschaftlichen Leben)
- Bekämpfung weltweiter Armut

→ **stabile politische, gesellschaftliche und ökonomische Rahmenbedingungen** als **Grundvoraussetzung** zur Verwirklichung der genannten Ziele

Auf einen Blick

Übrigens ... Die EU will mit dem Programm „Fit for 55" die Emission klimaschädlicher Gase bis 2030 im Vergleich zu 1990 um 55% senken.

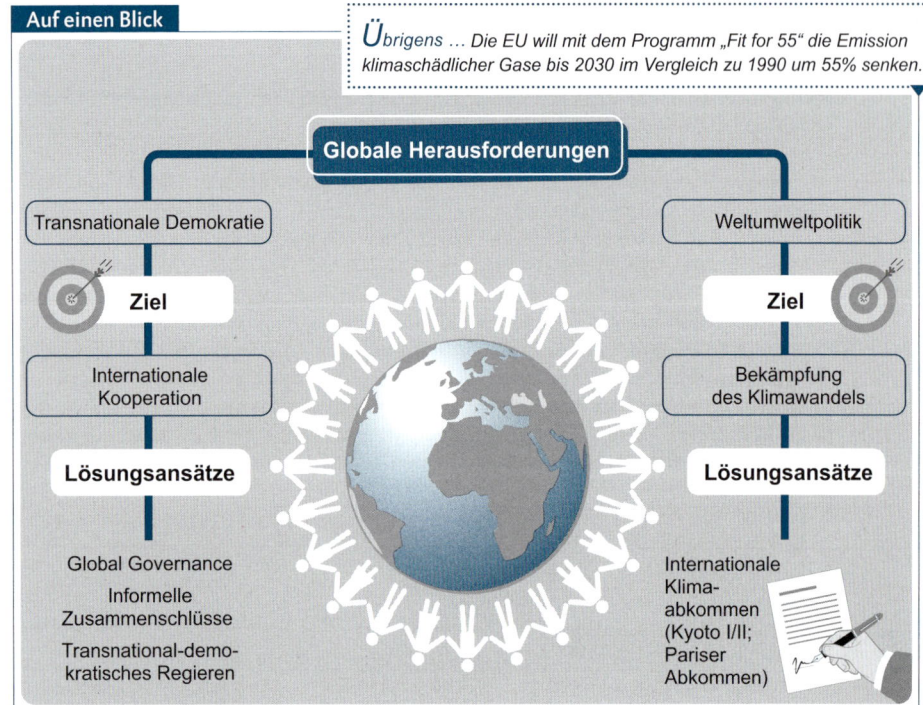

Globale Herausforderungen

Transnationale Demokratie

Ziel

Internationale Kooperation

Lösungsansätze

Global Governance

Informelle Zusammenschlüsse

Transnational-demokratisches Regieren

Weltumweltpolitik

Ziel

Bekämpfung des Klimawandels

Lösungsansätze

Internationale Klima-abkommen (Kyoto I/II; Pariser Abkommen)

Global Governance

- **Steuerung weltweiter Angelegenheiten** und Prozesse durch Kooperation, Formulierung verbindlicher Rechtsnormen, Standards und Verhaltensanreize, Interventionen
- Antwort auf „De-Nationalisierung"
- Wichtige Akteure:
  - **Nationalstaaten** auf multilateraler Ebene
  - **Nichtregierungsorganisationen** (NGOs)
  - **informelle Netzwerke**
- Verknüpfung der internationalen Politikebene mit der nationalen und der regionalen Politikebene

INTERNATIONALE BEZIEHUNGEN IM ZEITALTER DER GLOBALISIERUNG

Transnationales Regieren

Informelle Zusammenschlüsse

- **G7: Zusammenschluss** der (zum Gründungszeitpunkt) **bedeutendsten Industrienationen** der Erde: USA, Kanada, Großbritannien, Frankreich, Deutschland, Italien, Japan; zwischenzeitliche **Erweiterung** um Russland zur **G8** (1998 bis 2014); jährliche informelle Treffen zur Beratung über globale Themen und Probleme
- **G20:** Zusammenschluss der **20 ökonomisch führenden** Nationen der Erde; umfassen **70%** der **Weltbevölkerung** und **80%** der **Wirtschaftsleistung**; in zentralen Punkten (Umwelt-, Sicherheits- und Handelspolitik) **uneinig**
  → daher kaum Aussichten auf erfolgreiche Politik in den nächsten Jahren

Chancen und Probleme transnational-demokratischen Regierens

- **in der politischen Theorie:** zahlreiche Vorschläge für transnational-demokratisches Institutionengefüge mit großem Legitimitätspotenzial
- **in der Realität drei Probleme:**
  - solidarische **Weltgesellschaft** → nicht vorhanden
  - Theorien setzen **Interessensbündnisse** der Staaten voraus, damit **keine Interessenskonflikte** entstehen → nur teilweise vorhanden
  - Staaten müssten ihre **Regelungskompetenz** stark **einschränken** → aktuell utopisch
- Orientierung an Theorien und Modellen trotzdem **hilfreich**, können **Reformprozess** voranbringen

Internationale Klimaabkommen

Kyoto I/II (1997/2012)

- Ratifizierung von 191 Staaten; **keine Unterzeichnung** von China und USA (weltgrößte Verursacher von CO_2-Emissionen)
- Verpflichtung 2008–2012: Reduktion des jährlichen **Treibhausgas-Ausstoßes** der Industrieländer um mindestens 5 %; nationale Einzelziele; Deutschland: Minderungsziel von 21 % (erfüllt!)
- 2012: **Verlängerung des Abkommens** bis 2020 (Folgeabkommen, siehe unten); einige Ausstiege: u. a. Kanada, Russland; Ziel: Verminderung des CO_2-Ausstoßes um 18 % gegenüber 1990

Pariser Abkommen (2015, Nachfolgeabkommen)

- Ziel: **Begrenzung der globalen Erwärmung** um deutlich unter 2°C (gegenüber dem vorindustriellen Zeitalter); nationale Selbstverpflichtung von 195 Staaten (völkerrechtlich bindend)
- **Einbindung aller Staaten** (nicht nur Industriestaaten!): Unterstützung der Entwicklungsländer durch finanzielle Mittel, Wissens- und Technologietransfer
- **Meilenstein:** Unterzeichnung von **China** und den **USA**; nach offizieller Austrittserklärung 2019 unter Präsident Trump sind die USA nach Amtseintritt von Joe Biden seit Februar 2021 wieder Teil des Pariser Abkommens